AF599597

CATARATA

CARLOS TAIBO

Ha sido durante treinta años profesor de Ciencia Política en la Universidad Autónoma de Madrid. Entre sus obras se cuentan *Libertari@s* (Catarata, 2010), *Repensar la anarquía* (Catarata, 2013), *Anarquismo y revolución en Rusia, 1917-1921* (Catarata, 2017), *Los olvidados de los olvidados. Un siglo y medio de anarquismo en España* (Catarata, 2018), *Anarquistas de ultramar. Anarquismo, indigenismo, descolonización* (Catarata, 2018) y *Anarquismos. Ayer, hoy, mañana* (Alianza, 2022). Varias de estas obras han sido publicadas en América Latina y han aparecido en otras lenguas.

Carlos Taibo

Cuatro lecciones

SOBRE ANARQUÍA Y ANARQUISMOS

DISEÑO DE CUBIERTA: PABLO NANCLARES

FUENCARRAL, 70
28004 MADRID
TEL. 91 532 20 77
WWW.CATARATA.ORG

CUATRO LECCIONES.
SOBRE ANARQUÍA Y ANARQUISMOS

ISBN: 978-84-1352-986-8
DEPÓSITO LEGAL: M-8.632-2024
THEMA: JPBF

ÍNDICE

PRÓLOGO

Repito, a efectos de explicar el origen de este libro, lo que ya señalé en los dos títulos anteriores de la misma serie. A menudo me ha ocurrido que, al terminar una charla, alguien —por lo común un docente de secundaria— me pregunta si dispongo de algún texto escrito que recoja su contenido. Durante mucho tiempo me he visto obligado a señalar que, para bien o para mal, no era así. Es cierto que la mayoría de mis charlas se vinculan con un libro anteriormente publicado, pero el procedimiento que conduce a la elaboración de la disertación oral no se traduce en un texto escrito, a menos que por tal se entienda el configurado por unos apuntes que poco más son que indicaciones rápidas de aquello de lo que debo y quiero hablar. En el mejor de los casos esos apuntes incluyen algún párrafo breve de otros autores que procede leer durante la charla en cuestión.

Mi propósito con este trabajo es poder asentir cuando, en adelante, me pregunten si dispongo de un texto que dé cuenta de forma razonable del contenido de una disertación sobre la perspectiva anarquista/libertaria, la deriva del anarquismo español, el papel del mundo libertario al calor de las revoluciones rusas de 1917 o los anarquismos de los países del Sur. Esos cuatro son, por lo demás, los capítulos que dan forma a una obra que cabe entender que es una versión abreviada de un puñado de libros que he publicado en los dos últimos lustros. Me refiero a *Repensar la anarquía* (Los Libros de la Catarata, 2013) y *Anarquismos. Ayer, hoy, mañana* (Alianza, 2022), en lo que hace al primer capítulo; a *Los olvidados de los olvidados. Un siglo y medio de anarquismo en España* (Los Libros de la Catarata, 2018), en lo que se refiere al segundo; a *Anarquismo y revolución en Rusia, 1917-1921* (Los Libros de la Catarata, 2017), en lo que atañe al tercero, y a *Anarquistas de ultramar. Anarquismo, indigenismo, descolonización* (Los Libros de la Catarata, 2018), en lo que concierne al cuarto y último. En esta misma onda, y como ya he señalado, ya han visto la luz, por lo demás, dos títulos que acopian lecciones sobre decrecimiento y materias afines, el primero, y sobre la Rusia contemporánea, el segundo.

Quiero aclarar que no hay ninguna vocación *filológica* en esta suerte de transcripción libre de las charlas en cuestión. He intentado adaptar al momento presente su contenido y en modo alguno he procurado reproducir lo que eventualmente dije meses o años atrás. También tengo que subrayar que, como inmediatamente se apreciará, esas charlas están constituidas por unidades temáticas que a menudo pueden encajarse en una u otra disertación. He rehuido —creo que por lógica— las repeticiones, aun cuando, y por rescatar un ejemplo, al acometer en una charla una consideración de la condición de los anarquistas de ultramar lo común es que incluya algunas breves apreciaciones sobre problemas generales del anarquismo. He escapado también, en suma, de la tentación de inundar el texto con notas a pie que encontrarían difícil justificación en un esfuerzo de plasmación escrita, como al cabo es este, de una disertación oral. Creo, aun así, que la bibliografía que se incluye al final puede suplir algunas de las carencias que al respecto puedan hacerse valer.

Me permito añadir, en fin, que no me gustaría que el título que he elegido para esta obra —ese que habla de *lecciones*— sea fuente de malentendidos. No quiero dar lecciones a nadie. Me contentaré con que estos textos, de estricta e indisimulada divulgación, sean de alguna utilidad para el lector o la lectora interesados en adentrarse en materias como las que aquí me atraen.

I. QUÉ ES LA ANARQUÍA

Muchas veces he contado que años atrás asistí a una conversación entre dos colegas profesores de Ciencia Política. En un momento determinado se lanzaron a la tarea de debatir sobre el programa de una asignatura titulada "Ideologías políticas contemporáneas". Uno de estos colegas adujo que en el programa en cuestión no correspondía incluir al anarquismo, toda vez que, a su entender, no era una ideología *contemporánea*. Yo, que hasta entonces guardaba silencio, me decidí a intervenir y lo hice para respaldar a quien había afirmado tal cosa. "Tienes razón", aduje. "El anarquismo no es una ideología política contemporánea: es una ideología del futuro", o al menos lo es —apostillo ahora— a los ojos de quienes estimamos que el planeta se nos va de las manos al amparo de un sistema asesino, el capitalismo, que a su pésima relación con la justicia y la igualdad agrega ahora una irrefrenable inclinación por la depredación del medio natural. Obligado estoy a aclarar, eso sí, que hoy, y como pronto se verá, me interesa menos la dimensión ideológica del anarquismo y más su relación con prácticas vitales vinculadas con la autogestión, la democracia y la acción directas, y el apoyo mutuo.

1. Desde hace un tiempo muestro cierto empeño en distinguir entre los adjetivos *anarquista* y *libertario*. Muchas veces he señalado que al respecto no me interesa tanto el presunto rigor de esos dos adjetivos como las realidades que estimo se encuentran por detrás. No sin recordar que es muy común que, al menos en Europa, esos adjetivos se empleen legítimamente como sinónimos, entenderé, forzando un poco los hechos, que un anarquista es alguien que ha leído a Bakunin, a Kropotkin y a Malatesta, y que se siente mal que bien identificado con las ideas correspondientes en materia de autogestión, democracia y acción directas, y apoyo mutuo. Aunque esas son lecturas muy recomendables, me interesa más lo que vinculo ahora con el segundo adjetivo: consideraré que un libertario es alguien que, habiendo leído o no a Bakunin, a Kropotkin y a Malatesta, en su conducta cotidiana, de manera vivencial, no ideológica, abraza prácticas de autogestión, democracia y acción directas, y apoyo mutuo. En este marco parece servida una conclusión: si, por un lado, solo tendría sentido utilizar el adjetivo *anarquista* para describir a gentes que han vivido a partir del siglo XIX —el momento en que estimaré se forjó el anarquismo como ideología, o como filosofía—, podríamos emplear, en cambio, el adjetivo *libertario* para dar cuenta de la condición de campesinos chinos de hace dos mil años, de herejes en la Europa medieval o de determinadas realidades vinculadas con la piratería. En el buen entendido de que este segundo adjetivo, *libertario*,

acarrea también cierta dimensión de absorción, acaso colonial, de conductas que para ser tales no precisan de él. Harina de otro costal son las confusiones que pueden acompañar al uso de un tercer adjetivo, el que remite al inglés *libertarian*, que en Estados Unidos —y más recientemente en escenarios como la Argentina presidida por Milei— da cuenta de la condición de ultraliberales que, al margen de cualquier proyecto de carácter colectivo, defienden obscenamente la propiedad privada y el interés individual. En la abrumadora mayoría de las versiones del anarquismo que conozco despunta, sí, una defensa de la autonomía del individuo, pero se revela también, y de forma muy consistente, un proyecto colectivo e igualitario. Tal es lo que sucede, sin ir más lejos, en el marco de lo que hemos dado en llamar *anarcocolectivismo*, *anarcocomunismo* y *anarcosindicalismo*.

Permítaseme que intente ilustrar todo lo anterior de la mano de un ejemplo. Hace más de una década, en enero de 2011, escribí un texto que reivindicaba la construcción de una organización que, transversal, propiciase el acercamiento de gentes varias que trabajaban en el mundo del sindicalismo alternativo, de movimientos como el ecologismo, el feminismo y el pacifismo, de los centros sociales, *okupados* o no, de los grupos de afinidad y de otras instancias. Unos meses después, sin embargo, estalló en España el movimiento del 15 de mayo. A mi entender, y pese a sus muchas carencias, ese movimiento era una empresa mucho más interesante que la que yo había defendido, toda vez que esta última —no quiero engañarme en demasía— no era sino el enésimo cenáculo perfilado por minorías más o menos organizadas y comúnmente poco rompedoras e imaginativas. Lo diré de otra forma: si esas minorías no muestran un empeño singular en trabajar con la gente común, mal proyecto es el que se perfila.

Al respecto creo que son muy iluminadores los textos de un anarquista alemán asesinado en 1919, de nombre Gustav Landauer. A los ojos de Landauer la tarea principal de los movimientos anarquistas no es otra que permitir que emerja lo que está por debajo del suelo, esto es, restaurar el compromiso —trabado por la represión ejercida por un sinfín de instituciones— de buena parte de los integrantes de la especie humana con la causa de la autogestión y del apoyo mutuo. En ese escenario creo que lo suyo es afirmar que me interesa más la anarquía que el anarquismo, y que me atraen más, mucho más, las prácticas que las etiquetas.

Con bastante frecuencia me han formulado, a menudo de forma inquisitorial, una pregunta relativa a cuándo y dónde se han hecho valer de forma consistente y prolongada las ideas anarquistas. Lo común es que se responda invocando un puñado de hechos y circunstancias históricas de peso tan innegable como limitado. Se habla, así, de la Comuna de París de 1871, de los soviets en las revoluciones rusas de 1905 y 1917, de los consejos obreros en Alemania, en Italia o en Hungría, de las colectivizaciones durante la guerra civil española, de un puñado de revoluciones registradas en el Tercer Mundo o, más recientemente, del zapatismo chiapaneco y de lo que se ha abierto camino en Rojava, en el norte de Siria, al calor del llamado *confederalismo democrático*. Sin desechar lo que de estimulante, que es mucho, pueda haber en estos ejemplos, creo que el argumento principal tiene que ser, sin embargo, otro. Porque hay que subrayar, con un punto de provocación, lo que nos han enseñado muchos antropólogos, y entre ellos Pierre Clastres, Marshall Sahlins o David Graeber: la mayoría de las comunidades humanas, desde tiempo inmemorial y en los cinco continentes, se han articulado en torno a prácticas de autogestión y apoyo mutuo, de tal suerte que lo que es excepcional en la historia de la especie es lo que significan el capitalismo y el Estado (lo de la sociedad patriarcal discurre, desgraciadamente, por otro camino). Esa realidad —creo yo— es la que nos propone rescatar Landauer en sus escritos.

2. Muchas veces he recordado que, en un texto incluido en 1905 en la *Enciclopedia británica*, Kropotkin describió el anarquismo como "el nombre dado a un principio o teoría de la vida y de la conducta en virtud del cual se concibe una sociedad sin gobierno, en la que la armonía se obtiene, no por sumisión ante la ley, o por obediencia a una autoridad, sino de resultas de acuerdos libres alcanzados por varios grupos, territoriales o profesionales, libremente constituidos en provecho de la producción y del consumo, y de la satisfacción de la infinita variedad de necesidades y aspiraciones de un ser civilizado". Conforme a esta definición creo que es sencillo determinar los elementos principales que moldearían el cuerpo doctrinal del anarquismo. Si el primero es el rechazo de todas las formas de autoridad y explotación, y entre ellas las que se articulan alrededor del capital y del Estado, el segundo lo aporta la defensa de sociedades asentadas en la igualdad y la libertad, y el tercero, en fin, la reivindicación, en consecuencia, de la libre asociación desde abajo.

Me importa, y mucho, subrayar que así las cosas el anarquismo no rechaza en modo alguno —como a menudo se interpreta— la organización. Lo que rechaza son las formas coactivas de esta última, como es el caso de las vinculadas con el capital, con los Estados, con las Iglesias o con los ejércitos. Y es que sobran los motivos para concluir que todas esas formas de autoridad se han impuesto, en un grado u otro, en virtud del ejercicio de la coerción y de la violencia.

3. Antes he subrayado que hay motivos, y creo que sólidos, para defender la tesis de que, sea cual haya sido en el pasado la deriva de las ideas y de las prácticas libertarias, unas y otras van a ganar peso en el futuro inmediato. Las razones mayores al respecto son dos.

La primera de esas razones no es otra que la quiebra que parece acosar, sin fondo, a la socialdemocracia y al leninismo. Con respecto a la socialdemocracia, parece que a lo más que aspira es a asumir una gestión civilizada del capital. Permítaseme que subraye lo que significa la cláusula que reza que eso es *a lo más que aspira*, toda vez que en muchos casos ni siquiera se revela ese deseo, encallado como está el proyecto correspondiente en el juego del capital mencionado. Queda por demostrar, por otra parte, que existe alguna posibilidad de gestionar civilizadamente un sistema de por sí inhumano y depredador. Por lo que se refiere al leninismo, parece que no soplan buenos vientos para un proyecto asentado en la presunta disposición de una ciencia social que otorga certezas y que debe ser gestionada por una vanguardia iluminada claramente emplazada por encima de los demás. La experiencia soviética lo fue, por lo demás, y durante tres cuartos de siglo, la propia de un capitalismo burocrático de Estado incapaz de romper amarras con el universo histórico y social característico del sistema, el mentado capitalismo, con el que infructuosamente quería acabar.

La segunda de las razones invocadas subraya que las señales de una crisis terminal del capitalismo son cada vez más claras, como lo son los datos que apuntan a un colapso general del sistema. La urgencia de salir de este último y la necesidad paralela de buscar respuestas que beban de la democracia de base, de la autogestión y de la solidaridad se antojan imperativas hoy en día. Creo que sobran los motivos para concluir que el escenario es muy propicio para un renacimiento de las prácticas libertarias, tanto más cuanto que la incapacidad ajena aconseja concluir que tenían y tienen poco fundamento las críticas que subrayaban que aquellas mal casaban con la condición de sociedades complejas.

4. A menudo me asalta la idea de que la palabra *democracia* está tan gastada que a duras penas puede llenarnos de contento cuando la empleamos para hablar de *democracia directa*. Igual deberíamos hacer un esfuerzo para encontrar otro término llamado a retratar esta última. Las cosas como fueren, saltan a la vista los argumentos principales de los que se sirve la crítica libertaria de la democracia liberal. El primero subraya que esta última configura una forma de seudodemocracia —dejemos ahí la cuestión— que, asentada en una lacerante desigualdad previa, obedece con rotundidad al objetivo de ratificar esa desigualdad.

En un segundo escalón, la seudodemocracia en cuestión bebe de mayorías artificiales que son el producto de una visible distorsión de las querencias y adhesiones de la población. El tercero anota que en la trastienda del sistema que ahora me interesa operan formidables corporaciones económico-financieras que son al cabo las que determinan las decisiones importantes, al margen por completo de parlamentos que en los hechos carecen de capacidades serias de decisión. El cuarto recuerda que la democracia liberal ha cobrado cuerpo en un marco territorial definido por Estados impuestos y no sometidos mayormente a cuestionamiento. Y el quinto y último, por dejarlo ahí, señala que cuando las cosas vienen mal dadas, esa forma de seudodemocracia no duda en hacer uso de la fuerza a través de la represión que conocemos en calles y cárceles, o a través de golpes de Estado asestados en países pobres que tienen la mala fortuna de disponer de materias primas muy golosas. Me resuena al respecto de todo esto un trecho de una canción de La Polla Records que reza "políticos locos guían a las masas, que les dan sus ojos para no ver lo que pasa".

La perspectiva libertaria estima, por otra parte, que las elecciones constituyen una genuina farsa. Si, por un lado, alimentan la ilusión, ficticia, de que es posible elegir entre opciones diferentes, por el otro confluyen en instituciones vacías e inoperantes. Creo que al cabo en el mundo anarquista hay tres posiciones distintas en relación con las elecciones. La primera, y tal vez la mayoritaria, preconiza un ejercicio de abstención activa. La segunda sugiere que esta última constituye, siquiera indirectamente, una forma de participar en las elecciones y reivindica olvidar estas por completo. O, por utilizar el término popular, aconseja *pasar* de ellas. La tercera, en fin, queda bien retratada en muy viejo artículo de Ricardo Mella, a los ojos de muchos el más granado de los pensadores del anarquismo español. Interpreto yo que en ese texto Mella nos estaba diciendo que si queremos acudir a votar, bien está, y si nos inclinamos por la abstención, también se antoja una opción respetable: lo realmente importante es, con todo, lo que hacemos los 364 días restantes del año. Siempre que hablo de las elecciones, en fin, me vienen a la memoria unas muy celebradas viñetas —tienen de nuevo sus años— que publicó en su momento la revista humorística *Hermano Lobo*. En la primera un responsable político se dirige a una masa amorfa y pregunta: "¿Qué preferís: el caos o nosotros?". En la segunda la masa responde al unísono: "El caos, el caos". Y en la tercera reaparece el dirigente político, quien aclara: "Pues os jodéis, porque somos nosotros".

En el escenario español algunas de las discusiones que acabo de mal rescatar tienen un reflejo interesante en los numerosos mitos que rodearon a la segunda república y que creo que ilustran muchas de las limitaciones de la izquierda que vive en las instituciones. Por lo pronto, y sobre estos hechos volveré más adelante, la segunda república no lo fue de trabajadores: fue, antes bien, una república burguesa más bien remisa a cambiar reglas del juego ancestrales, como lo testimonia el derrotero de una reforma agraria en los hechos casi inexistente. En numerosas ocasiones mostró un singular empeño en reprimir al movimiento obrero, y en singular al de cariz anarcosindicalista.

Agregaré que en jornadas críticas como las que siguieron al 18 de julio de 1936 fueron muchos los responsables políticos republicanos que se negaron a entregar armas a los sindicatos; acaso estaban más cómodos en una negociación con los militares golpistas.

Procuraré clarificar, en suma, el perfil de la propuesta política que surge del mundo anarquista/libertario. El primero de sus rasgos es la defensa de la democracia directa o, lo que es en buena medida lo mismo, el rechazo de la delegación y la representación, por un lado, y de las figuras de los líderes, por el otro. A menudo he señalado, por cierto, que muchas de las corrientes que surgen del pensamiento de Marx se vinculan expresamente con el nombre de personas singulares: hablamos de leninismo, trotskismo, estalinismo, maoísmo, castrismo o guevarismo, como lo hacemos de marxismo. No diré que el uso correspondiente es por completo desconocido en el mundo libertario, como lo testimonian los casos del magonismo y del majnovismo. Me contentaré con señalar que esos casos son excepciones, no sin agregar que, al parecer, fueron los detractores de Bakunin y sus acólitos quienes inventaron el término *bakuninistas*. Un segundo rasgo de la propuesta política libertaria es la acción directa, ejercida sin mediaciones, con un pleno control, desde abajo, de lo que se hace, y en busca siempre de una estricta consonancia entre los instrumentos desplegados y los objetivos que se desea alcanzar. El tercero y último lo aporta, en fin, la autogestión. Aunque el término acaso se extendió al amparo del mayo francés de 1968, el concepto estaba presente desde muchas décadas antes, como lo testimonian, sin ir más lejos, las resoluciones aprobadas en los sucesivos congresos de la CNT española. En su esencia la autogestión reclama una sociedad y una economía autoorganizadas desde abajo, sin dirigentes, empresarios, burócratas y capataces. Las colectivizaciones registradas en 1936-1937 en España vinieron a demostrar que era posible afrontar una sociedad razonablemente compleja sin el concurso de todas esas figuras de autoridad. Más allá de lo anterior, saltaba a la vista que en aquel momento la cultura autogestionaria disfrutaba de un franco respaldo en buena parte de la sociedad; no se olvide que en las colectivizaciones estaban presentes, sí, muchos trabajadores de la CNT anarcosindicalista, pero también muchos militantes de la UGT socialista. Las prácticas autogestionarias rompían, pues, las fronteras del propio mundo libertario. Qué poco ha quedado de todo ello. Porque, ¿qué instancia autogestionaria han sido capaces de desplegar en los últimos cincuenta años los sindicatos mayoritarios en España? ¡Una modestísima agencia de viajes! No sé si no será este un indicador fidedigno de la deriva del grueso del movimiento obrero entre nosotros.

5. La propuesta anarquista/libertaria contesta frontalmente, de manera inequívoca, lo que significa en todos los órdenes el capitalismo. Me importa subrayar que esa contestación no solo afecta al neoliberalismo, sino al propio capitalismo como un todo. Al respecto conviene tener presente que es posible rechazar el neoliberalismo, por entender que se trata de una versión extrema e indeseable del capitalismo, pero aceptar al tiempo la lógica de este

último. No es eso, con toda evidencia, lo que hace la propuesta que me ocupa. Cuando, desde tiempo atrás, se han ido revelando unas u otras crisis en el funcionamiento del capital, la perspectiva que defiendo ha sostenido que no se trataba de *buscar una salida social a la crisis* o de *regresar al momento anterior*, sino de dejar atrás el capitalismo y sus reglas —repito— como un todo.

Por detrás de la discusión que acabo de abordar está otra relativa a la pervivencia de la lucha de clases. Que esta sigue existiendo y marca poderosamente la deriva de un sinfín de relaciones me parece indiscutible. Como me lo parece el hecho de que, de manera evidente, la lucha en cuestión la están ganando los de arriba, a quienes en modo alguno se les ocurriría concluir que esa colisión no existe. Considero, por lo demás, que conviene desmarcarse de dos posiciones, muy diferentes entre sí, que se interesan por lo ocurrido con la clase obrera (o con la clase trabajadora, en el buen entendido de que estos dos conceptos remiten a realidades a menudo distintas). La primera de esas posiciones concluye que lo de la clase obrera no es sino un artefacto del pasado que a duras penas se concreta en realidades presentes. La segunda estima, por el contrario, que poco o nada ha cambiado, pese a las apariencias, en el último siglo y medio, de tal suerte que lo que se antojaba cierto en la segunda mitad del XIX sigue siéndolo, sin fisuras, hoy en día. Si la primera de estas posiciones parece dispuesta a entregar al capital, sin contestación alguna, el mundo del trabajo, la segunda rechaza identificar cambios que en su caso son importantes y obligan a asumir ejercicios arduos de adaptación. Las cosas como fueren, me parece que en muchos sentidos en el conjunto del planeta estamos regresando, en el ámbito laboral, a reglas del juego propias del XIX, circunstancia que en buena ley debería estimular la reaparición de un sindicalismo —o de la forma organizativa que fuere— de combate en franca confrontación con el sindicalismo de pacto hoy imperante.

En términos históricos la concreción orgánica principal de la contestación del capitalismo en el mundo anarquista la ha aportado el anarcosindicalismo. Permita el lector, o la lectora, que en relación con esto de las concreciones orgánicas abra un paréntesis y recuerde que hace años el a la sazón ministro del Interior español, Jorge Fernández Díaz, se sirvió afirmar que había sido desactivado un "grupo anarquista sorprendentemente bien organizado", en franco e ignorante olvido de que los anarquistas no están contra la organización: están, como ya lo he señalado, contra las formas coercitivas de esta última, lo que no es en modo alguno lo mismo. Pero volvamos a lo del anarcosindicalismo y hagámoslo con la vocación de subrayar, antes que nada, que aunque la propuesta correspondiente ha suscitado muchas y legítimas críticas dentro del propio mundo anarquista, no parecería muy afortunado que la tirásemos sin más por la borda en un momento en el que las agresiones en el mundo del trabajo van ganando visiblemente terreno. Lo anterior no es óbice para recordar lo que a mis ojos resulta evidente: cuanto más rompe las fronteras del mundo sindical, más interesante es la apuesta del anarcosindicalismo. No olvidemos que la lógica imperante en ese mundo está muy influida por el salario y por el empleo, de tal forma que en ella no siempre encajan, o encajan mal, grandes cuestiones como las que afectan a las migraciones, las mujeres, la ecología o la solidaridad con los desheredados del planeta. Esto aparte, la presencia del sindicalismo libertario en la construcción material de espacios autogestionarios no es particularmente sólida.

Más allá de lo anterior, en fin, muchas veces he señalado que a mi entender un sindicalista debe hacerse tres grandes preguntas. Si la primera lo es sobre cómo trabajamos —las palabras *alienación* y *explotación* han desaparecido significativamente de la mayoría de los discursos sindicales—, la segunda se refiere a para quién lo hacemos —esta era una pregunta fundamental que se hacían los sindicalistas de la CNT y de la UGT antes de 1936, cuando daban por descontado que el objetivo principal no podía ser otro que deshacerse del capitalismo— y la tercera plantea qué bienes producimos o qué servicios dispensamos, no vaya a ser que unos y otros pongan en un brete, por ejemplo, los derechos de los integrantes de las generaciones venideras o ratifiquen la situación de postración de muchos de los habitantes de los países del Sur.

6. Son muchos los debates que la propuesta anarquista/libertaria suscita en relación con la institución Estado. Creo que al respecto debemos huir de dos tentaciones que están ahí. La primera asume la forma de una suerte de obsesión con el Estado que convertiría a este en el centro, casi exclusivo, de todas nuestras inquietudes. Estoy obligado a subrayar, sin embargo, que hay otras muchas explotaciones que no pasan por el camino del Estado y que este no es

sino un instrumento al servicio de la clase dominante o, lo que hoy es en sustancia lo mismo, al servicio del capital y de sus intereses. Así las cosas, y aunque el establecimiento de prelaciones es siempre delicado, creo que debemos prestar mayor atención al capital en cuestión, que es el núcleo irradiador de los problemas, antes que a una herramienta, por principal que pueda ser, volcada al servicio de sus intereses. Que esa herramienta no es en modo alguno irrelevante lo ilustra a la perfección, con todo, la dimensión represiva, militar, carcelaria, autoritaria y jerarquizadora que exhibe la institución Estado.

La segunda tentación, muy común fuera del mundo anarquista/libertario, bebe de una formidable superstición y entiende que el Estado es en esencia una instancia que nos protege. Semejante superstición ha sido inteligentemente alimentada por la socialdemocracia y por el sindicalismo de pacto, en franco olvido, de nuevo, de la dimensión represiva que marca indeleblemente la acción del Estado. Conviene, aun con todo, que me refiera de manera expresa a la que acaso es la mayor manifestación de la superstición que me ocupa. Hablo, como bien puede intuirse, de los llamados *Estados del bienestar*. Parece que es sencillo enunciar la crítica libertaria de lo que estos suponen. Esa crítica recuerda que los Estados del bienestar —curioso término este, por cierto, que embellece gratuitamente la realidad correspondiente— son formas de organización económica y social características del capitalismo y por completo desconocidas fuera de este. Afirma que están impregnados de la filosofía, mortecina y abiertamente colaboradora con las miserias del sistema, de la socialdemocracia y del sindicalismo de pacto. Asevera que dificultan hasta extremos inimaginables la práctica de la autogestión desde la base. Subraya que no han venido a liberar, como anunciaban, a tantas mujeres que son hoy víctimas de una doble o de una triple explotación. Identifica de su parte una nula vocación de freno de agresiones medioambientales acaso irreversibles. Y pone el dedo en la llaga, en suma, de instancias a duras penas empeñadas en la solidaridad con los desheredados radicados en los países del Sur.

7. En otro de estos textos, volcado en un libro diferente, me he interesado por el concepto de *colapso*. Me parece que tiene sentido reproducir aquí, con algunas apostillas, lo que entonces señalé en lo relativo a algunas de las tareas, urgentes, que se derivan del colapso en cuestión. Al respecto, y antes de acometer esa tarea, me interesa subrayar que los seis verbos —de hecho son siete— que voy a desgranar configuran una respuesta razonable a una queja que en principio también lo es, o al menos lo parece. Me refiero a aquella que sugiere que el despliegue de formas de democracia directa, no representativa y no delegativa, se antoja una propuesta muy hermosa pero, al tiempo, muy poco hacedera. Me importa subrayar que no solo estamos defendiendo la democracia directa. Estamos reclamando un mundo de descentralización extrema en el que despunten los siete verbos que acabo de mencionar y por los que me intereso ahora: decrecer, desurbanizar, destecnologizar, despatriarcalizar, descolonizar, descomplejizar y desmilitarizar.

Al efecto estimo que, antes que nada, estamos en la obligación de aprestar espacios de autonomía autogestionados, desmercantilizados y, ojalá, despatriarcalizados. En el buen entendido de que esos espacios tanto pueden servirnos para esquivar el colapso, una posibilidad esta última que se antoja cada vez más remota, como para enseñarnos a navegar en el escenario del colapso invocado. Es muy probable que algunos de nuestros abuelos o abuelas anarquistas y anarcosindicalistas frunciesen el ceño ante esa defensa de espacios autónomos que acabo de enunciar. Probablemente tendrían a bien recordar que aquello por lo que peleaban décadas atrás era, directa y francamente, por la expropiación del capital. No me queda más remedio que reconocer que su queja sería, y es, legítima. Mi única respuesta invita a recordar que, infelizmente, la debilidad de nuestros movimientos emancipatorios es tal que el objetivo en cuestión tiene por fuerza que parecernos lejano. Pero igual la acumulación de fuerzas en esos espacios que reivindico contribuye poderosamente a modificar el escenario.

Me adentro, de cualquier modo, en la prometida consideración de esos siete verbos. El primero, *decrecer*, nos dice en sustancia que si vivimos en un planeta con recursos limitados no parece que tenga mucho sentido que aspiremos a seguir creciendo ilimitadamente. Tanto más cuanto que sobran los motivos para concluir que hemos dejado muy atrás las posibilidades medioambientales y de recursos que la Tierra nos ofrece. Piénsese, sin ir más lejos, que según una estimación la huella ecológica española es hoy de 3,0. ¿Qué significa esa cifra? Significa que para mantener las actividades económicas existentes en España precisamos tres veces el territorio español. ¿Cómo se resuelve —lo he planteado mil veces— ese problema? A través de una presión ingente ejercida sobre los derechos de los integrantes de las generaciones venideras, sobre los de muchos de los habitantes de los países del Sur y, también, sobre los de los miembros de las demás especies con las que decimos compartir el planeta. En este terreno, la perspectiva del decrecimiento nos dice que en el Norte rico inexorablemente tenemos que reducir los niveles de producción y de consumo, al tiempo que debemos redistribuir radicalmente, claro, la riqueza. Esa propuesta reivindica también, con todo, la introducción de principios y de valores muy diferentes de los que hoy abrazamos. Estoy pensando en la primacía de la vida social, que hemos ido dilapidando en nuestra obsesión por el consumo, la productividad y la competitividad; en el ocio creativo, frente a las formas de ocio siempre vinculadas con el dinero que nos ofrecen por todas partes; en el reparto del trabajo, o mejor *de los trabajos*, una vieja demanda sindical que infelizmente fue muriendo con el paso del tiempo; en la necesidad insorteable de reducir las dimensiones de muchas de las infraestructuras que hoy empleamos; en la urgencia de restaurar el vigor de la vida local, al calor de un escenario de reaparición de formas de democracia directa y de autogestión, o, en fin, y en el terreno individual, en la conveniencia de apostar por la sobriedad y la sencillez voluntarias.

El segundo verbo, *desurbanizar* —o, si quiero retratar la cuestión desde el otro lado del espejo, rerruralizar—, parte del recordatorio de que muchos de nuestros abuelos y abuelas abandonaron el mundo rural para pasar a vivir en las ciudades, en las que entendían legítimamente que el escenario era más llevadero. Hoy asistimos incipientemente, sin embargo, a un proceso de signo contrario. Las cosas como fueren, las personas que son moderadamente conscientes del riesgo de un colapso general saben que una de las pocas respuestas eficientes de las que disfrutamos al respecto es la que reivindica la urgencia de reconstruir muchos de los elementos de la vida rural que hemos tirado desafortunadamente por la borda en los últimos años. En lo que a esto se refiere, parece que la perspectiva libertaria, que de siempre ha prestado atención al mundo campesino, ofrece horizontes más abiertos que los que llegan de la mano de otras corrientes de los movimientos obreros y socialistas, y ello por mucho que no siempre el mundo anarquista haya estado a la altura de los retos correspondientes. La apuesta por la rerruralización no significa, en modo alguno, que haya que abandonar las ciudades a su suerte: también en ellas habrá que defender políticas de ruralización, de difuminado de los límites con el entorno próximo, de descentralización en provecho de los barrios y de colectivización de las industrias que queden sobre el terreno.

Admitiré de buen grado que el tercer verbo, *destecnologizar*, incorpora cierta condición provocadora. Si tengo que emplear el argumento de manera más mesurada, diré que creo que estamos en la obligación de analizar críticamente la condición de muchas de las tecnologías que el sistema, generosamente, nos regala, no vaya a ser que no tengan esa dimensión emancipadora y liberadora que tendemos a atribuirles. John Zerzan es el principal promotor de lo que se suele describir como *anarcoprimitivismo*. Siempre anoto lo mismo: aunque se trata de un pensador desmesurado, por momentos tengo la impresión de que solo los pensadores desmesurados son realmente interesantes. Zerzan afirma categóricamente que todas las tecnologías creadas por el capitalismo llevan por detrás la impronta de la división del trabajo, de la jerarquía y de la explotación. Es un argumento serio que merece ser considerado seriamente, por mucho que yo —repito— no vaya tan lejos y me limite a exhortar a recelar de regalos sospechosos.

El cuarto verbo nos invita a *despatriarcalizar* nuestras mentes y nuestras sociedades. Llevo años defendiendo —lo acabo de hacer unas líneas más arriba— la creación de espacios autónomos autogestionados, desmercantilizados y despatriarcalizados. Esos espacios existen ya y en muchos casos han progresado en el camino de la autogestión y de la desmercantilización, cuando conservan incólumes, sin embargo, y llamativamente, muchas de las reglas del juego propias de la sociedad patriarcal. Según una estimación, el 70 por ciento de los pobres y el 78 por ciento de los analfabetos existentes en el planeta son mujeres. Siempre digo lo mismo: me parecen porcentajes muy llamativos. No estamos hablando de un 52 por ciento de mujeres pobres contrapuesto a un 48 por ciento de hombres; lo estamos haciendo de la distancia abismal que separa un 70 de un 30 por ciento. Conforme a otro estudio, controvertido, las mujeres realizarían el 67 por ciento del trabajo para recibir a cambio un escuetísimo 10 por ciento de la renta. En estas condiciones, mucho temo que afirmar, como a menudo se hace, que los problemas atávicos de marginación simbólica y material de las mujeres se hallan en afortunada vía de resolución es, literalmente, darle la espalda a la realidad.

El quinto verbo, *descolonizar*, nos invita a trabajar activamente por una definitiva descolonización. Hace años publiqué un libro, *Anarquistas de ultramar*, del que nace uno de los capítulos de la obra que el lector, o la lectora, tiene entre las manos. En sustancia es un estudio de cómo los primeros anarquistas, mayoritariamente europeos, que pasaron a vivir en los países del Sur en las tres últimas décadas del siglo XIX y en las tres primeras del XX se relacionaron con un sinfín de comunidades indígenas que desplegaban espontáneamente prácticas de autogestión y apoyo mutuo. La relación en cuestión fue muy compleja. En algunos casos, como los de México, Perú o Bolivia, produjo retoños venturosos. Pero en la mayoría fue nula o, más aún, conflictiva. Voy a partir de la intuición, que es mía, de que de todos los hijos de la Ilustración el anarquismo era, y es, el que mejor preparado estaba para encarar el encuentro, el choque, colonial. Si el propio anarquismo medio naufragó en la tarea, qué es lo que no habrá que decir de los otros hijos de aquella. Las cosas como fueren, parece que tenemos la obligación de reconocer el derecho de autodeterminación de los pueblos originarios, de restituir los recursos que en su momento se les sustrajeron y de aprender de muchas de sus prácticas cotidianas en terrenos relevantes como es, por ejemplo, el que configura el designio de mantener una relación respetuosa con el medio natural.

El sexto verbo aconseja *descomplejizar* nuestras sociedades. Hemos aceptado sociedades cada vez más complejas, con un correlato muy delicado: somos cada vez más dependientes, somos cada vez menos independientes. Mi buen amigo Ramón Fernández Durán falleció en Madrid años atrás. En sus dos últimos libros, casi póstumos, repetía machaconamente una idea: muchos de los desheredados del planeta, habitantes de los países del Sur, se encuentran en mejor posición que la nuestra para hacer frente al colapso general que se avecina. ¿Por qué? Viven en pequeñas comunidades humanas, han preservado una vida social mucho más rica que la nuestra y han mantenido una relación mucho más fluida y respetuosa con el medio natural, de tal suerte que, no sin paradoja, son más independientes de lo que lo somos nosotros. Conviene pensar, y creo que no pido ningún ejercicio de imaginación lujuriante, en lo que ocurriría en muchas de las ciudades del Norte rico en caso de que dejasen de llegar los suministros de petróleo. Todo aquello de lo que presumen se hundiría de la noche a la mañana. Si queremos recuperar independencia, inexorablemente tendremos que apostar por sociedades menos complejas.

En los últimos tiempos me inclino por agregar, con todo, un séptimo verbo: *desmilitarizar*. En febrero de 2022 el presidente ruso, Vladímir Putin, realizó un generosísimo regalo a una organización a la sazón mortecina que se hace llamar del Tratado del Atlántico Norte. El fortalecimiento de la OTAN anuncia militarización, crecimientos espectaculares del gasto en defensa, negocios prósperos para la industria de armamentos, autoritarismo, represión de las disidencias, injerencias e intervenciones militares que no van a precisar la etiqueta de humanitarias. Y nos obliga a recuperar muchas de las propuestas y de las prácticas del pacifismo y del antimilitarismo de siempre, todo ello para contestar lo que significan tanto la OTAN como la Rusia putiniana.

8. Quiero extraer tres conclusiones. La primera me invita a identificar una paradoja: parece innegable que los anarquistas son más hábiles en la crítica de la miseria existente que en la construcción de un mundo alternativo y diferente. Al respecto creo que procede rescatar un término, el que habla de la *propaganda por el hecho*, que emplearon con profusión nuestros abuelos y abuelas anarquistas y anarcosindicalistas. Aunque a ese término se le atribuyeron muchos significados distintos, alguno de ellos bastante abstruso, en mi interpretación lo que nos querían decir era más o menos lo que sigue: está bien organizar charlas, publicar libros y revistas —nunca se subrayará lo suficiente la fascinación que el mundo anarquista ha sentido, de siempre, por la letra escrita— y convocar concentraciones y manifestaciones. Pero lo más interesante y rentable que podemos hacer es intentar construir, en el terreno de la realidad económica y social, un mundo ajustado a reglas asentadas en la autogestión y el apoyo mutuo. O, lo que es lo mismo, perfilar una sociedad paralela que venga a demostrar que es posible hacer las cosas de manera diferente.

La segunda de las conclusiones arrastra cierta vocación irónica y toma como fuente dos anécdotas que tuve la oportunidad de palpar, años atrás, con ocasión de un viaje a Turín, en Italia, para participar en una mesa redonda sobre el movimiento del 15 de mayo. Creo que permiten tomarle el pulso al escenario y al momento en el que estamos. La primera asumió la forma de una conversación entre un colega francés y otro italiano. El primero le dijo al segundo: "A vosotros, los italianos, no os comprendo. No entiendo cómo podéis admirar, o al menos votar, a un personaje infecto como Berlusconi, que paga a prostitutas para que se hagan presentes en sus fiestas privadas". El italiano, muy tranquilo, no negó la mayor, y reconoció que muchos de sus compatriotas admiraban, o al menos votaban, a Berlusconi. Introdujo, eso sí, una corrección que no tenía un carácter menor. "Muchos de mis compatriotas admiran, o al menos votan, a Berlusconi, pero lo hacen por una razón expresa: el primer ministro paga a las prostitutas... con dinero público". La segunda historia recuerda que en las paredes de las calles del centro de Turín colgaban pasquines de publicidad de una revista humorística local. El titular principal rezaba: "El Estado y la mafia se separan". A continuación se recogían unas palabras, aclaratorias, de un dirigente mafioso: "Estaban arruinando nuestra reputación...".

Me permito cerrar este texto con una tercera conclusión que tomo, de nuevo, de un texto incluido en otro volumen. En este caso se trata del dedicado a la consideración del ecofascismo y me aconseja subrayar que desde hace un tiempo me declaro inmerso en una lucha sin cuartel contra los proyectos realistas. Cuando escucho que alguien señala que tal o cual demanda no es realista, se me disparan todas las alarmas. No conozco, entre las próximas, ninguna ilustración mejor de las miserias del realismo que la que aporta la transición política española, materializada en dos grandes partidos que se han turnado en el poder y en sustancia han hecho lo mismo, en dos cúpulas sindicales que infelizmente no se oponen a nada y en una plétora de medios de incomunicación que repiten monocordes las mismas monsergas y manipulaciones. Hay una frase redonda, y un poco descortés, de Bernanos, el novelista católico francés, que creo da en el clavo de la cuestión. Mal que bien asevera que "el realismo es la buena conciencia de los hijos de puta". Invocan la realidad como si viniese dada por la naturaleza, cuando con toda evidencia esa realidad que invocan es la que ellos mismos han perfilado en descarado provecho de sus intereses más ruines y mezquinos. En esas condiciones mucho me temo que no nos queda más remedio que ser orgullosamente no realistas.

II. EL ANARQUISMO EN ESPAÑA

En 2018 publiqué un libro sobre la historia y la naturaleza del anarquismo español. Esa obra nació de un hecho preciso: me sentí muy incómodo tras la lectura de un par de volúmenes que se proponían explicar a los jóvenes la convulsa etapa marcada por la segunda república (1931-1936) y la guerra civil (1936-1939). Mi libro se tituló al cabo *Los olvidados de los olvidados*. Me pareció que tal fue al cabo la condición a la que los autores de esos dos libros relegaron a los anarquistas de aquella época. Si tengo que ser más preciso a la hora de caracterizar ese tipo de bibliografía, y en general la visión que los ensayistas contemporáneos ofrecen del anarquismo hispano, creo que deberé invocar tres códigos distintos.

El primero de esos códigos no es otro que el aportado por el silencio. Aunque cualquier persona con un mínimo de conocimiento sabe que el anarquismo, o el anarcosindicalismo, vertebró una de las dos grandes opciones del movimiento obrero español, con una presencia muy significativa, por añadidura, en el imaginario colectivo, no faltan los estudiosos que prefieren, sin más, ignorar esa presencia. El segundo criterio estriba en subsumir a los anarquistas en la etiqueta general de *republicanos* (o, en su caso, en la de *sindicalistas*). Si unas veces lo anterior es producto del desconocimiento, en otras ocasiones se revela un deseo manifiesto de ignorar la realidad: los anarquistas no eran republicanos. La tercera y última perspectiva se entrega a una franca demonización del movimiento libertario que no aprecia en él otra cosa sino un impulso primitivo, salvaje y violento que a menudo bebería, por añadidura, de un arcano milenarismo. Creo firmemente que esta descripción adultera profundamente la realidad y obliga, como las dos anteriores, a una réplica que invite a recuperar una memoria perdida. Aconseja hacerlo, por añadidura, desde la voluntad de recuperar los muchos elementos valiosos del movimiento anarquista español y a recordar, también, naturalmente, sus vicios o carencias. En el buen entendido de que aquí, por razones obvias, voy a aislar un puñado de materias en detrimento de otras que a buen seguro tienen su interés.

1. Pese al vigor de alguna de las aproximaciones que acabo de referir, mucha tinta ha corrido para explicar el porqué de la fuerte presencia del anarquismo en España. Antes que acometer una consideración somera de los argumentos esgrimidos al respecto, me parece que tiene sentido que sitúe cronológicamente la discusión. Creo que lo razonable es recordar que hasta el final de la primera guerra mundial la presencia que me ocupa no fue muy diferente de la que se registró en Francia, en Italia o en Portugal. En

esos tres lugares como en España se asentaron organizaciones vinculadas con las ideas de Bakunin, se registraron episodios de lo que dio en llamarse *terrorismo* y ganaron terreno formas de sindicalismo revolucionario. Resulta innegable que la revolución bolchevique hizo pasar a un segundo plano a muchas de las organizaciones anarquistas o anarcosindicalistas. No sucedió eso, sin embargo, a partir de 1920 en España, donde la principal organización anarcosindicalista, la CNT, resistió los envites represivos de la dictadura de Primo de Rivera y experimentó poco después, a partir de 1931, y con la segunda república, un franco reverdecer. Parece que puede afirmarse que en el caso español el anarquismo disfrutó de dos décadas más de vida exultante que sus homólogos francés, italiano y portugués. Cierto es que esta reflexión que trazo, muy marcada por lo más próximo, olvida que en muchos países del Sur el anarquismo conservó su vigor también durante las dos décadas invocadas.

La circunstancia que he invocado justifica, de cualquier modo, que se hayan hecho valer muchas opiniones y estudios encaminados a dar cuenta del porqué de ese recorrido más largo, e intenso, del anarquismo español. Un recorrido que en los hechos tendría hoy una prolongación de la mano de la certificación de que, aun con su modestia, ese anarquismo, con unas u otras formas, sigue siendo el que más peso exhibe en todo el planeta. No es un dato menor, por lo demás, que la presencia del movimiento libertario se hizo valer de forma consistente, antes de la guerra civil, en todo el territorio español. Aunque las imágenes tópicas de esa presencia son las que aportan Cataluña y Andalucía, hizo valer su fuerza también en Valencia y en Murcia, en Aragón y en La Rioja, en la costa occidental de Galicia, en áreas significadas de Extremadura y de La Mancha, y en los dos archipiélagos, con núcleos importantes, por añadidura, en Madrid, Asturias y el País Vasco.

Las explicaciones aportadas a la hora de buscar las raíces de todo lo anterior han sido varias. La primera, francamente prescindible, se limita a señalar que existiría una sintonía de fondo entre un presunto carácter español —¿qué será eso?— y el anarquismo. La segunda, postulada en singular por el historiador Eric Hobsbawm, percibe en las manifestaciones locales de este último un movimiento milenarista, de ribetes religiosos, propio de campesinos analfabetos. Mala noticia es para esta tesis el hecho de que el lugar donde el anarquismo se aposentó con mayor rotundidad, Cataluña, era el más desarrollado y urbanizado del país, no sin que esté de más recordar que la mayoría de los anarquistas andaluces, sustento material principal de esta tesis, residían en los hechos en núcleos urbanos relativamente importantes. Una tercera tesis, esgrimida en este caso por Gerald Brenan en un libro que pese a todo merece la pena leer —*El laberinto español*—, frisa con la anterior y considera, de nuevo, que el anarquismo constituyó una respuesta milenarista a las disfunciones de un Estado inútil (hoy probablemente lo etiquetarían de *fallido*).

Mi lectura de los hechos es, sin embargo, muy diferente y presta atención a elementos que no parecen encajar en las explicaciones que acabo de mal retratar. Lo que sostengo en las páginas de *Los olvidados de los olvidados* es que "los libertarios acabaron por perfilar un movimiento poco dogmático que, sin un cuerpo teórico asentado y compartido, se adaptaba con facilidad a escenarios y momentos dispares. Eficaz en términos de comunicación, con un estilo directo y sencillo, muy alejado del de la política al uso, ese movimiento habría sabido asumir formas a menudo diferentes en unos u otros lugares del país, en el medio urbano y en el rural, en los centros de trabajo y en los barrios. De resultas, habría mostrado un vínculo mayor con la realidad inmediata que con las teorizaciones de Bakunin o de Kropotkin. Se habría dotado, en suma, a partir de la década de 1910, de una organización de masas, la CNT, que habría acogido iniciativas muy diferentes. Así, en Cataluña, la parte más industrializada del país, se habría hecho valer una relación evidente entre el anarquismo, por un lado, y las capas intelectuales y el desarrollo científico y tecnológico, por el otro. En Andalucía o en Aragón, por el contrario, era sencillo percibir el nexo existente entre el anarquismo y el colectivismo agrario retratado por Joaquín Costa, manifiesto en la pervivencia de bienes comunales que se reivindicaba fueran usados por los campesinos sin tierra al amparo, una vez más, de fórmulas de democracia directa y apoyo mutuo".

2. Me gustaría volver sobre una discusión que he abordado ya de pasada: la de la relación entre el mundo anarquista y la segunda república española. Y hacerlo desde la vocación de ratificar la conclusión de que los anarquistas, veamos las cosas como las veamos, no eran republicanos. Todos los veranos, en agosto, cuando llega el momento de las celebraciones de la liberación de París con respecto al yugo

hitleriano se suele recordar en los medios de incomunicación que entre las unidades militares implicadas estuvo La Nueve, una compañía integrada —se dice— por republicanos españoles. Parece fuera de discusión, sin embargo, que la mayoría de los integrantes de esa compañía eran anarquistas o anarcosindicalistas, de tal suerte que difícilmente podían ser republicanos. Dígase que en La Nueve se daban cita militantes antifascistas y el problema quedará razonablemente resuelto.

Y es que hay que partir de la certeza de que los anarquistas rechazan ontológicamente todas las formas de gobierno. Aunque en la década de 1930 pudieran llegar a acuerdos en determinadas materias con las autoridades republicanas, los anarquistas y los anarcosindicalistas parecieron tener claro que estaban ante una república burguesa a la que en modo alguno correspondían las etiquetas de *obrera* ni *campesina*. Una república manifiestamente incapaz de sacar adelante —ya lo señalé— una reforma agraria merecedora de tal nombre y firmemente decidida a impulsar jurados mixtos que beneficiaban con rotundidad al PSOE y a la UGT, y que, de resultas, rompían la balanza en provecho de la burocracia y en detrimento de las fórmulas de acción directa. La república, tan idolatrada hoy por muchas gentes que se tildan de progresistas, no pestañeó a la hora de desplegar una represión descarnada dirigida fundamentalmente contra el anarcosindicalismo. Así lo testimonian herramientas legales como las de "orden público" y "vagos y maleantes", y hechos de sangre como los que tuvieron por escenario Casas Viejas y Yuste, lejos, por cierto, de los años del llamado *bienio negro*. Ya he subrayado, en fin, que en las jornadas siguientes al golpe militar de julio de 1936 fueron muchos los dirigentes republicanos que parecieron más atraídos por el horizonte de pactar con los generales golpistas que por el de entregar armas a los sindicatos obreros. Pese a ello, la CNT fue decisiva en la respuesta popular al golpe de Estado.

Cierto es, claro, que lo que vino después, la dictadura franquista, fue mucho peor, de tal suerte que la república sale razonablemente bien parada de la comparación. Pero no hasta el punto —creo yo— de invitarnos a ocultar sus muchas miserias y los intereses a los que de hecho obedeció. Aunque no tengo por qué ocultar mi respeto por muchas gentes que dieron la vida en defensa de la república, y nadie negará, en paralelo, que una posible irrupción futura de esta última tendría el efecto saludable de liberarnos de una institución deleznable como es la monarquía, mucho me temo que las virtudes del régimen eventualmente naciente no irán más allá. Al fin y al cabo Francia, Italia y Portugal son hoy repúblicas y no creo que su panorama político, económico y social sea ni mejor ni peor que el que arrastramos por estos pagos.

3. Mucho se ha discutido, y se discutirá, sobre la democracia interna en las organizaciones anarquistas y anarcosindicalistas españolas. Ceñiré mis observaciones al caso más importante, que es sin duda el de la CNT. Y empezaré diciendo que, desde mi punto de vista, la democracia de base fue comúnmente una realidad incuestionable en esa organización. Cierto es que con el paso del tiempo emergió una figura, la de lo que en ocasiones se ha dado en llamar

"militantes influyentes", que asumió un papel prominente y cierto grado de separación con respecto a los restantes afiliados. Importa subrayar, eso sí, que estas personas no habían sido elegidas y designadas por órganos cerrados y autoconsolidados, algo sobre lo que tendré que volver un poco más adelante. Su promoción más tenía que ver con el prestigio y la admiración que suscitaban. No había de por medio, en otras palabras, ni jerarquías ni personalismos en un sindicato en el que durante mucho tiempo no despuntó otro *liberado* que el secretario del comité confederal. En la trastienda se hacía valer un hecho significativo que no conviene olvidar: la CNT suscitaba respeto y cariño entre sus militantes, que confiaban en su organización, a diferencia de lo que ocurre hoy en muchas maquinarias sindicales hiperburocratizadas.

Lo que acabo de relatar mucho tiene que ver con el material humano del que se nutría la Confederación Nacional del Trabajo y, en general, el mundo libertario. En él se dieron cita, de manera abrumadoramente mayoritaria, obreros autodidactos. Parece que el escritor soviético Iliá Ehrenburg dio mal que bien en el clavo cuando se refirió en los siguientes términos a los anarquistas españoles de la década de 1930: "El anarquismo de los sindicalistas españoles no es el anarquismo de los literatos de café, que mezclan a Bakunin con Stirner, la anarquía con el erotismo, la libertad con el libertinaje. Los anarquistas españoles acuden al banco de trabajo. Sus líderes no beben, ni frecuentan el barrio chino; el anarquismo español es una especie de orden religiosa de observancia severa". El material humano en cuestión fue, por cierto, muy diferente del que ganó terreno en la Rusia de 1917, al amparo en este caso de otra cúpula dirigente, la del partido bolchevique, en la que se reunieron, por encima de todo, intelectuales pequeño burgueses. En el mundo libertario español fueron muy pocos los ejemplos de gentes que se asentaron en sus filas y que no tenían un origen humilde. Tal vez por eso produjo, en los hechos, pocos intelectuales y pensadores.

4. Importa subrayar que el mundo libertario recién mencionado no quedó circunscrito a la actividad sindical desplegada por la CNT. Esta y otras muchas instancias asumieron papeles importantes en ámbitos diferentes. En la ciudad de Barcelona y en otros lugares perfilaron, por ejemplo, barrios enteros, genuinos espacios autónomos, en los cuales las fuerzas represivas a duras penas se atrevían a penetrar. El fenómeno de los *escraches* —no hemos inventado estos en la última década— contra los propietarios de viviendas en alquiler que asumían conductas de manifiesta usura se hizo frecuente en un escenario en el que se expandieron, por citar tres dimensiones, el naturismo, el amor libre y un nuevo urbanismo. La palabra escrita desempeñó en todo ello un papel fundamental, como lo certifica un sinfín de revistas, folletos y libros, y ello pese a las dificultades de relación del mundo libertario con los intelectuales. Piénsese al respecto que figuras como Antonio Machado y Federico García Lorca se mantuvieron lejos de ese mundo, en el que muchos escritores y artistas apreciaban acaso, con un rictus de desprecio, a los desheredados de los desheredados. Chris Ealham ha concluido, en suma, que en la Barcelona de los años de

la segunda república, pero también en otras ciudades, cobró cuerpo la cultura obrera alternativa más rica de cuantas se hicieron valer antes de la segunda guerra mundial en Europa.

En este balance no puede faltar una mención a un movimiento singularmente innovador como fue Mujeres Libres, fundado en 1936 y empeñado en pelear no solo por la igualdad entre mujeres y hombres, sino también por la desaparición de las reglas derivadas de la sociedad patriarcal. Al respecto trabajó en la educación colectiva de los hijos, en la socialización de las tareas domésticas, en la expansión de las guarderías, en la creación de liberatorios de prostitución, en la defensa del aborto y los anticonceptivos, o en la atención a los refugiados. Pero Mujeres Libres mostró también una clara conciencia en lo que se refiere a las muchas taras que, en este terreno, arrastraba el propio movimiento libertario. Pienso en las relativas a un machismo a flor de piel o en las vinculadas con la prostitución. Las críticas correspondientes, frecuentes y acerbas, solo podían producirse —conviene recordarlo— en un magma como era el que proporcionaba la CNT. El movimiento que me ocupa defendió, en fin, la necesidad de promover una revolución de las mujeres que se hiciese valer en terrenos como el sexual, el de la emancipación económica y el de los movimientos propios, más allá de la revolución social.

5. Solemos llamar *guerra civil* a lo que en muchas de sus dimensiones fue, antes bien, una *guerra social* solapada con la anterior. Al amparo de ambas cobró cuerpo, de cualquier

modo, una resistencia recia frente al fascismo que no se hizo valer ni en Alemania, ni en Italia, ni en Francia. El conflicto consiguiente no fue, de resultas, y como a menudo se ha presentado, una mera confrontación entre democracia liberal y fascismo. En esa condición, y como ha tenido a bien subrayarlo Murray Bookchin, tampoco constituyó un simple preludio de la segunda guerra mundial. España fue una excepción, toda vez que el encaramiento de los problemas de la modernización del país abocó en un movimiento que preconizaba y que acometió, con todas las imperfecciones que se quieran, una revolución social, y no una mera adaptación al entorno o un intento de aplicar ideas formuladas en uno u otro laboratorio intelectual o político.

Lo que acabo de señalar tiene a mi entender un relieve decisivo a la hora de lidiar con muchas de las lecturas de lo ocurrido entre 1936-1939 que menudean hoy entre nosotros. Al amparo de ese fenómeno patético que son las tertulias de las radios y de las televisiones, con el eco correspondiente en las redes sociales, han cobrado cuerpo muchas discusiones sobre la conducta de lo que comúnmente se entiende que fueron los dos *bandos* enfrentados en una guerra simplificadoramente descrita como *civil*. Hablo, claro, del bando republicano y del franquista. Si semejante manera de describir los hechos olvida de forma impresentable a quienes, en apariencia dentro del bando republicano, se entregaron a la tarea de desarrollar una revolución social, tiene un efecto aún más grave: aleja de nuestra consideración la dimensión de lucha de clases claramente inserta en muchas de las manifestaciones del conflicto bélico. Cuando, desde posiciones de derecha no necesariamente ultramontana, se recurre al socorrido argumento que señala que los dos bandos enfrentados cometieron atrocidades —algo, por lo demás, innegable— o se aduce que los militares golpistas querían instaurar el orden en un país caotizado, se coloca obscenamente en el mismo plano la violencia de los señoritos y la de los desheredados, de la misma suerte que se esquiva la conclusión, a mi entender irrefutable, de que ese orden que deseaban restablecer los militares no era otro que el que habían postulado de siempre, con notable éxito, las clases pudientes.

6. Tengo por fuerza que volver sobre un debate que he medio anticipado: el de las delicadas decisiones que las cúpulas dirigentes —eran al cabo eso, en buena medida de resultas del inicio de la guerra civil y social— de la CNT y de la FAI asumieron en las semanas inmediatamente posteriores al intento de golpe militar de 1936. Esas decisiones, que confluyeron en la incorporación a los gobiernos de la Generalitat de Cataluña, primero, y de la propia república española, después, no fueron objeto de una discusión seria en el interior de las organizaciones afectadas. La militancia de base de estas, en otras palabras, no fue consultada, o lo fue en virtud de procedimientos poco tramados y convincentes.

Lo que se abrió camino fue una excelsa paradoja que cuenta, eso sí, con muchos antecedentes en los procesos revolucionarios. Aunque sé que fuerzo un poco el argumento, la decisión de incorporarse a esos dos gobiernos fue asumida principalmente por anarquistas bregados en la lucha y con formación teórica más que suficiente. Entre tanto, y en cambio, buena parte de la militancia de base procedió a desarrollar una revolución social que tuvo su concreción mayor en las colectivizaciones verificadas en la industria y en el campo. Pareciera como si esos militantes de base, que en muchos casos no eran en sentido estricto anarquistas, se hubieran comportado espontáneamente como tales y hubieran puesto en evidencia lo que tantas veces, y en tantos lugares, ha sucedido: la cúpula dirigente quedaba por detrás de quienes debían ser dirigidos por ella. Vaya por delante que no estoy emitiendo ningún juicio moral en lo que hace a la condición y a las decisiones adoptadas por muchos de los integrantes de esa cúpula dirigente. El escenario —admitámoslo— era muy delicado y los motivos que invitaban a anudar lazos con partidos políticos y fuerzas sindicales no eran pocos. Pena es, sin embargo, que a punto de tocar el cielo muchos de esos anarquistas bregados en la lucha decidieran dar un paso atrás. Pero es difícil, imposible, dudar de la entereza moral —y me acojo a un ejemplo entre varios— de una figura como la de Joan Peiró, quien, ministro en un gabinete republicano, años después, y acabada la guerra, se negó a aceptar un puesto de relumbrón en los sindicatos verticales franquistas y terminó delante de un pelotón de fusilamiento.

7. Estoy obligado a subrayar que, por lo demás, la participación de las principales organizaciones anarquistas o anarcosindicalistas en los gobiernos mentados no produjo en modo alguno los resultados apetecidos. Los objetivos de esa participación parecían ser cinco: garantizar las

armas y la financiación para las unidades confederales, evitar la militarización de estas, proteger las colectivizaciones que habían cobrado cuerpo en el verano y el otoño de 1936, transmitir una buena imagen de la república ante los gobernantes franceses y británicos —para provocar un cambio en la actitud de unos y otros— y, en fin, claro, ganar la guerra. Las unidades confederales se vieron permanentemente al margen de muchos suministros de armas, inmersas por añadidura en problemas graves de sustento material. Con el paso de los meses se procedió a una activa militarización de esas unidades, que quedaron encuadradas en el ejército llamado *popular*, circunstancia que estuvo en el origen, por cierto, de los hechos de mayo de 1937. Las colectivizaciones suscitaron las iras de muchas de las autoridades republicanas y con frecuencia fueron disueltas bastante antes de la victoria franquista, vía reformas legales restrictivas, o vía acciones represivas. La buena imagen que la república deseaba ofrecer en Francia y en el Reino Unido no se tradujo en un abandono, por parte de los gobiernos de estos dos países, de una política de neutralidad claramente discriminatoria (habida cuenta de lo que estaban haciendo la Alemania hitleriana y la Italia mussoliniana de la mano de su apoyo a la sublevación franquista). La guerra, en fin, y como es sabido, se perdió en un escenario en el que se antoja muy difícil defender la tesis de que fue el movimiento libertario el responsable principal de esa derrota. Ese movimiento —creo yo que infelizmente— colaboró activamente con las autoridades, renunció en muchos casos a hacer valer sus convicciones y no dudó en reprimir voces disidentes como la de los Amigos de Durruti.

Así las cosas, las críticas vertidas contra la presunta deslealtad del mundo anarquista y anarcosindicalista tienen poco, o ningún, fundamento. No puede sino sonar a broma que aún hoy, y en determinados círculos, se siga defendiendo la idea de que el Partido Comunista de España peleó denodadamente por preservar la unidad en el bando republicano. La política del PCE, llamativamente, se tradujo en la supresión de un partido comunista no estalinista, el POUM, en una marginación visible, en todos los órdenes, del mundo libertario, en el estímulo para la aparición de divisiones agudas dentro del Partido Socialista y en un esfuerzo encaminado a rebajar el peso de los nacionalistas catalanes. Por detrás estaba, por añadidura, el designio, evidente, de acabar con una revolución social en provecho de un proyecto de lo que en los hechos fue la defensa de los intereses de las clases que eran víctimas primeras de esa revolución. Y la guerra, en fin, por si todo lo anterior fuese poco, se perdió.

8. Varias veces me he topado con la palabra *colectivizaciones*. Al principio de este texto he subrayado los significativos silencios de muchos de los libros que se interesan por la guerra civil española. No hay silencio mayor que el que afecta a las colectivizaciones. La que a mis ojos es, en términos de experimentación social, la más fuerte y sólida de las aportaciones surgidas en la piel de toro es objeto de un olvido manifiesto, tanto más llamativo, por cierto, en el caso de gentes que dicen estar en la izquierda.

Las colectivizaciones fueron la principal señal de esa revolución social a la que me he referido varias veces. El debate sobre si tuvieron un carácter impuesto o voluntario ha servido a menudo para ocultar una realidad de fondo que a buen seguro era compleja. Y es que en las colectivizaciones se dieron cita el eco de un atávico colectivismo agrario, el ascendiente de las ideas y las prácticas anarquistas, las urgencias de la guerra —muchos varones habían tenido que abandonar sus trabajos— y, ciertamente, la presencia de milicianos confederales que acababan de llegar a los pueblos de Aragón o se habían hecho fuertes en las ciudades catalanas. Las cosas como fueren, las colectivizaciones tanto se revelaron en el campo —tal sucedió en Aragón, en Valencia, en Murcia, en La Mancha o en Madrid, y de manera más circunscrita en áreas de Andalucía y Extremadura— como en las ciudades —al respecto Cataluña llevó la voz cantante—. Ya he subrayado, por lo demás, que en las granjas o en las industrias colectivizadas no solo se hizo sentir el impulso, ciertamente principal, de la CNT: también se manifestó, con frecuencia, la presencia de sindicalistas de la UGT socialista.

He señalado ya que a mi entender las colectivizaciones demostraron que era posible gestionar una sociedad razonablemente compleja sin el concurso de empresarios, capataces y burócratas. El experimento correspondiente vino a retratar, en otras palabras, las miserias derivadas del carácter artificial e interesado de la división del trabajo. Desde el primer momento los trabajadores inmersos en las colectivizaciones parecieron tener claro que no bastaba con estatalizar la propiedad, sino que se imponía desplegar fórmulas de lo que hoy llamamos *autogestión*. De resultas cobró cuerpo una apuesta por la organización colectiva del trabajo —y a menudo, y en el campo, del consumo— que chocaba frontalmente con las querencias de las autoridades republicanas y de los partidos en que estas se sustentaban.

En modo alguno quiero trasladar, con todo, la idea de que faltaron los problemas en lo que hace al experimento colectivizador. Bastará —creo— con que rescate uno de ellos, no precisamente marginal. Me parece que no hay duda, hoy, en lo que hace a la idea de que, de disfrutar de la posibilidad de autogestionar una sociedad compleja, una de las primeras preguntas que tendríamos que hacernos es la relativa a qué bienes deberemos producir y qué servicios habremos de dispensar (ya me referí líneas atrás al sentido de esta discusión). No parecería muy sensato, en otras palabras, que en un modelo autogestionario se siguiesen produciendo coches a mansalva en la fábrica de la SEAT en Martorell, o se siguiesen pertrechando fragatas y corbetas en sangriento beneficio de los emires saudíes en las instalaciones de Navantia en la bahía de Cádiz. Y, sin embargo, en 1936, y ciertamente que en un escenario extremadamente delicado, no parece que asomaran la cabeza preguntas como la que ahora me ocupa. Aunque muchas fábricas se colectivizaron, en sustancia siguieron produciendo lo mismo que producían con anterioridad (en algunos casos el cambio lo fue para mal, como lo ilustra lo ocurrido con empresas reconvertidas en provecho de la producción de armas y, en general, dispositivos militares). Recuerdo que en una ocasión en Olot, en Girona, me explicaron que en 1936 la CNT era el sindicato abrumadoramente mayoritario en una comarca que en buena medida dependía de las empresas dedicadas a la fabricación de imaginería religiosa: producían altares, retablos, confesionarios, púlpitos... Me señalaron que la propia CNT había procedido a colectivizar, en el verano de 1936, toda la actividad industrial y comercial en la localidad. Comoquiera que yo preguntase qué es lo que habían empezado a producir una vez instaurada la colectivización, con un gesto de sorpresa mi interlocutor respondió que siguieron produciendo altares, retablos, confesionarios y púlpitos... Doy por descontado que hoy haríamos las cosas de otra manera. O eso espero.

9. Hace unos años llegué a la conclusión de que buena parte del atractivo que el movimiento libertario español anterior a 1936, o a 1939, sigue suscitando en mucha gente tiene que ver con una circunstancia precisa. Me refiero al hecho de que en él pervivió con fuerza una cultura precapitalista que tenía un origen preciso: la mayoría de los militantes de ese movimiento procedían del mundo rural o, en su defecto, eran hijos o nietos de campesinos, con lo cual habían conservado buena parte de los hábitos vinculados con el trabajo colectivo y con el despliegue del apoyo mutuo solidario. Me importa subrayar que esos hábitos se manifestaban de forma fundamentalmente espontánea, de tal manera que no eran, o no eran fundamentalmente, el producto de asunciones ideológicas en un grado u otro vinculadas con el anarquismo o con otras cosmovisiones más o menos afines. Agregaré, eso sí, que la riqueza del movimiento libertario que me interesa mucho le debió a una combinación muy interesante entre esa cultura precapitalista, por un lado, y la propuesta orgullosamente

anticapitalista que llegaba del anarquismo forjado en el siglo XIX.

Hay quien ha sugerido que mientras la UGT socialista, en el primer tercio del siglo XX, peleaba ante todo por acrecentar los salarios, la CNT anarcosindicalista mostraba, en cambio, un singular empeño en mejorar las condiciones y el tiempo de trabajo. A la militancia de esta última le preocupaban sobremanera las relaciones jerárquicas que imperaban en las empresas, y la explotación y la alienación que se revelaban en ellas. La visión anarcosindicalista pretendía trascender el universo del trabajo y de la jerarquía empresarial, y construir una sociedad diferente preocupada, por ejemplo, por las agresiones que padecía el medio natural, por la salud y el bienestar de los trabajadores, y por la marginación secular que sufrían las mujeres.

Parece que durante la segunda república se registró en Zaragoza una huelga, que entiendo fue recia y prolongada, protagonizada ante todo por trabajadores anarcosindicalistas y realizada en solidaridad con un dirigente comunista alemán que había sido encarcelado por los nazis. Me interesa subrayar que la huelga en cuestión no lo era por razones de carácter laboral: sus protagonistas no reclamaban salarios más altos o jornadas laborales más reducidas. Se hacía valer en solidaridad con alguien que, por añadidura, no parecía tener mucho que ver con las querencias ideológicas de la mayoría de los huelguistas. Cuentan también que en muchas industrias catalanas colectivizadas durante la guerra civil se registraron demandas frecuentes, formuladas de nuevo por trabajadores mayoritariamente anarcosindicalistas, encaminadas a que se respetasen las fiestas religiosas. Aunque en alguna circunstancia esas demandas podían llegar de la mano, ciertamente, de trabajadores que eran creyentes, sospecho que en la mayoría de los casos la explicación era otra: a buen seguro que eran muchos los obreros que se preguntaban qué revolución era aquella que se había traducido en un incremento sustancial en el número de horas de trabajo. Ya sé que el escenario, el propio de una guerra civil que se estaba perdiendo, era tétrico, pero me parece significativo que muchos trabajadores no perdiesen de vista lo que debía suponer una revolución en términos de calidad objetiva, no retórica, de vida.

10. La muerte del dictador, en 1975, dejó el camino expedito a lo que en una primera aproximación fue un renacimiento visible del mundo libertario. Muchas personas pasaron, en singular, por la CNT en los años inmediatamente posteriores. Y, sin embargo, ese renacimiento encontró pronto un freno. Al respecto fue importante, sin duda, el despliegue, por los aparatos de seguridad del Estado, de operaciones demonizadoras de innegable éxito, como lo testimonia el llamado *caso Scala* en Barcelona. Pero no puede negarse en modo alguno el relieve de rencillas internas que no fueron bien resueltas. Una de ellas, acaso la principal, enfrentó a sectores del sindicalismo obrero, más bien veteranos, a menudo estrechamente relacionados con el exilio cenetista, y a jóvenes que en un grado u otro se movían en la estela del mayo francés y de los movimientos contraculturales. La CNT, en cualquier caso, perdió buena parte del contacto con la base social que había venido a explicar muchos de sus éxitos de cuatro décadas antes.

En paralelo con lo anterior, claro, la realidad española había cambiado. En su seno asomaba la cabeza una clase media cada vez más nutrida. Y al poco se hicieron valer muchos de los elementos de trampa que acompañan a la sociedad de consumo, a los llamados *Estados del bienestar* y a un sindicalismo cada vez menos resistente y cada vez más dependiente del Estado. La respuesta del mundo libertario a todo esto era por lógica mucho más compleja y difícil que la que desplegaron las fuerzas políticas tradicionales, imbuidas de la lógica de la representación y manifiestamente estatolátricas. Aunque ese mundo no ha acabado de superar de forma plenamente convincente los problemas correspondientes, en modo alguno, y sin embargo, ha desaparecido. Basta con invocar al respecto el testimonio de muchos anarquistas procedentes de otros lugares del planeta y empeñados en comparar la precariedad de sus organizaciones con la condición exultante —eso es lo que parecen pensar— de las nuestras. Todo es relativo.

Ya he señalado que el anarcosindicalismo, con versiones más o menos radicales, pervive y procura alimentar una tesis que he manejado con anterioridad: la de que el regreso, por muchos conceptos, a condiciones laborales del pasado, cada vez más duras, perfila una ruptura con el sindicalismo de pacto imperante en las últimas décadas. Esto aparte, el país está jalonado por locales sindicales, ateneos libertarios, centros sociales y espacios autónomos que a mi entender experimentaron un auge sensible, aunque no sepamos apreciarlo, al calor del movimiento del 15 mayo. Cierto es que, ahora de resultas de otra comparación, esta con el pasado, las organizaciones son mucho más débiles que las que existían antes de la guerra civil. A manera de compensación no despreciable, la influencia de las ideas y de las prácticas libertarias es, no obstante, muy notable en muchas de las manifestaciones del ecologismo, del feminismo, del pacifismo, del antiespecismo, del decrecimiento o del propio movimiento del 15 de mayo. A tono con una tesis que ya he manejado en estas páginas, creo firmemente que los retos derivados de la perversa combinación que han fraguado un capitalismo explotador y excluyente, por un lado, y la crisis ecológica y el colapso, por el otro, anuncia un reverdecer de iniciativas de corte libertario.

III. ANARQUISMO Y REVOLUCIÓN EN RUSIA

En 2017 publiqué un libro, mal que bien voluminoso, titulado *Anarquismo y revolución en Rusia. 1917-1921*. La vocación principal de esa obra, que vio la luz con ocasión del centenario de las revoluciones rusas de 1917, era encarar una discusión sobre lo que supuso el experimento bolchevique en términos de la articulación de un proyecto emancipatorio de escala planetaria. Al respecto me pareció que evaluar ese proyecto desde el espejo de lo ocurrido con el movimiento libertario local, y desde las opiniones generadas por este, era una tarea honrosa. Más allá de lo anterior, en las páginas de ese libro se reunían de manera imprevista dos líneas de trabajo que han ocupado mucho tiempo en mi vida. Si la primera invocaba el nombre de un país, Rusia, la segunda la aportaba una tradición de lucha a la que comúnmente damos el nombre de *anarquismo*. Esa repentina fusión de intereses me obligó a volver, con mucho gusto, sobre los trabajos de un puñado de autores que fueron decisivos, mucho tiempo atrás, en mi formación. Pienso en Volin, en Piotr Archínov, en

Paul Avrich, en Oskar Anweiler, en Maurice Brinton, en Franco Venturi o en Rosa Luxemburg.

Conviene que subraye, aun con todo, que mi libro de 2017 no era una historia del anarquismo ruso interesada por rescatar nombres, publicaciones o congresos. Su objetivo, más general, estribaba en situar analíticamente, antes que de forma descriptiva, el movimiento correspondiente entre los muchos entregados a la tarea de la emancipación. El texto no aportaba en modo alguno, por otra parte, una historia de la Rusia del primer cuarto de siglo XX. Son muchos los trabajos que han asumido con ventaja esa tarea. Tampoco era, en suma, un texto neutro: había sido concebido y redactado por alguien que no podía ocultar sus simpatías por los libertarios rusos de un siglo atrás.

1. Parece evidente que en Rusia se han manifestado, desde varios siglos atrás, elementos importantes que dan cuenta de una sólida *tradición libertaria*. Así lo testimonian la percepción del Estado zarista como una impostación ajena a las tradiciones locales, la memoria de revueltas como las vinculadas con Stenka Razin, en el siglo XVII, y Yemelián Pugachov, en el XVIII, la pervivencia de la comuna rural y la persistencia de organizaciones religiosas de condición libre y vocación colectivista. Pero, lo anterior al margen, en sustancia son dos las percepciones que se interesan por determinar desde qué momento tiene sentido hablar de *anarquismo* en Rusia. Mientras la primera entiende que el momento primero de manifestación de aquel se produjo acaso en las décadas de 1860 y 1870, la segunda remite al respecto a los últimos años de la de 1890 o, mejor aún, a los

primeros del decenio siguiente, ya en el siglo XX. Esta discrepancia tiene mucho que ver con el peso, y con el perfil, que otorguemos a la presencia del fenómeno que me atrae. En el primer caso, el de las décadas de 1860 y 1870, uno y otro dan cuenta, sin más, de la presencia de personas, en ocasiones de publicaciones, empeñadas en difundir las ideas anarquistas o, al menos, en esparcir algo que a tales recordaba. Esas personas por lo común trabajaron, por añadidura, en el seno de los movimientos *naródniki* o populistas, a menudo en relación estrecha, ciertamente, con círculos que operaban en el exilio, en Francia, en Suiza o en Inglaterra. La segunda percepción, en cambio, hace referencia a movimientos anarquistas, ahora sí, claramente vertebrados y con perfil independiente, con una presencia significativamente mayor como la que se hizo valer en los años inmediatamente anteriores a la revolución de 1905, la primera en la que se reveló con fuerza el fenómeno de los soviets.

Acaba de cruzarse en la explicación anterior un término clave para asomarse a muchas realidades contestatarias en la Rusia de finales del siglo XIX y principios del XX. Hablo del populismo (*naródnichestvo*) ruso, un nombre genérico que permite identificar una amplia corriente de pensamiento y que ha sido utilizado al menos, y de nuevo, en dos sentidos diferentes. El primero, el más restrictivo, considera que por tal debe entenderse una realidad que operó en exclusiva durante unos pocos años en los decenios de 1870 y 1880. El segundo, por el contrario, estima que el término tiene un recorrido cronológico mucho más amplio y debe servir para retratar realidades que se hicieron valer desde esas décadas hasta los primeros años de la de 1920, con el concurso principal, a partir de principios del siglo XX, del partido socialista revolucionario, el partido de los eseristas.

Las cosas como fueren, los populistas rusos defendieron una suerte de socialismo agrario muy sugerente. En él despuntaron elementos muy avanzados en lo que hace a la ecología, al campesinado, a la condición de las mujeres o al despliegue de fórmulas antiautoritarias. En el meollo de la propuesta populista estaba la idea de que Rusia podía disfrutar de un camino autóctono y singular de transición al socialismo que no acarrease, frente a lo que rezaban las opiniones del Marx canónico, la necesidad de desarrollar previamente las fuerzas productivas en clave capitalista. El cimiento de ese modelo lo debían aportar la comuna rural, la *obshina*, y, de manera secundaria, también, el *artel*, una suerte de cooperativa relativamente común entre los artesanos que residían en las ciudades. La *obshina* era una comunidad territorial de autogobierno, una entidad económica, una fórmula de propiedad colectiva, un sistema de impartición de justicia y, en fin, un órgano de control. Entre las funciones de la comuna estaban el mantenimiento de carreteras y puentes, la atención a huérfanos, ancianos y discapacitados, la educación, las levas y la asistencia a los funcionarios foráneos. La tierra era de todos y al tiempo no era de nadie, de tal forma que el concepto de *propiedad*, en sentido estricto, resultaba ajeno a los campesinos. Los populistas estimaban que la comuna era una huella sólida de la pervivencia de la tradición colectivista propia del pueblo ruso, y como tal la defendían, aunque no dejasen de reconocer sus carencias y de apuntar fórmulas que debían permitir solventarlas. La deriva del movimiento populista se vio muy marcada, por lo demás, por la violencia que algunos de sus segmentos integrantes ejercieron, respondida con singular crudeza por las autoridades zaristas. El fenómeno de la violencia se reveló también con fuerza, aun así, en los grupos anarquistas.

Como en algún sentido ya he adelantado, es fácil intuir la relación, estrecha, que establecieron muchos populistas y muchos anarquistas, ante todo a través de la que al cabo fue la principal manifestación del anarquismo ruso. Hablo del anarcocomunismo, que de nuevo se presentaba como un proyecto propio, ajeno a ideas importadas como las que preconizaba, por ejemplo, el incipiente anarcosindicalismo. La versión libertaria del discurso populista, ninguneada en la época soviética, reivindicó, como cabe suponer, un socialismo descentralizador y antiautoritario, defensor de la autoemancipación, espontánea, de los trabajadores y reivindicador de una "revolución social" a la que se otorgaba un mayor relieve que a las revoluciones de carácter meramente político. De por medio se hacía valer, naturalmente, un cuestionamiento abierto de la institución Estado.

2. A la revolución de 1905 siguió una cruda represión asestada sobre los grupos libertarios, que solo recuperaron resuello en los meses siguientes a la revolución de febrero de 1917 (la revolución *burguesa* que derrocó al zarismo). Se produjo entonces una rápida expansión, en el imperio ruso, de los movimientos y de las ideas anarquistas. El

escenario, de plena ebullición social, tenía su plasmación principal en la proliferación de soviets y comités de fábrica que reflejaban ante todo la autoorganización de los trabajadores, particularmente fuerte en el caso de las dos grandes ciudades rusas: San Petersburgo y Moscú. Los soviets se caracterizaron, por añadidura, por un orgulloso rechazo de la centralización y de la sumisión a instancias estatales, por una amplia autonomía decisoria y por la elección de delegados permanentemente revocables. El movimiento en ascenso, que contestaba, por añadidura, la participación de Rusia en la guerra mundial, estimuló la radicalización de muchas posiciones, y entre ellas la del partido bolchevique liderado por Lenin. Fue el ejemplo de una revolución social que estaba en la calle lo que provocó un cambio en la posición de ese partido, de siempre manifiestamente centralista, estatalista y jerarquizador. Ese cambio acarreó un rechazo visible del parlamentarismo en provecho de lo que significaban los soviets. De resultas, los bolcheviques acabaron por encabezar, como es sabido, una nueva revolución, esta desarrollada en octubre del propio año 1917. Parece innegable que en primera instancia fueron muchos los anarquistas que respaldaron el proceso consiguiente, a buen seguro que guiados por la idea de que había que echar abajo el gobierno provisional derivado de la revolución de febrero y había que propiciar, en paralelo, un rápido fin de la guerra. A los ojos de muchos, y en palabras de Archínov, la revolución de octubre significaba "aniquilamiento del capitalismo, supresión del salariado y de la esclavitud estatalista, y organización de una nueva vida basada en la autogestión de los productores".

La mayoría de esos anarquistas implicados en la revolución de octubre tuvieron pronto motivos para desmarcarse de su apoyo a esta. La certificación de que había diferencias insalvables entre la propuesta libertaria y las prácticas bolcheviques no impidió, con todo, que durante la guerra civil posterior fuesen muchos los anarquistas que consideraron que, comoquiera que era prioritario derrotar a los ejércitos blancos, se imponía colaborar, en un grado u otro, con los bolcheviques. Esto al margen, fueron muchos los anarquistas que mantuvieron el vínculo con aquellos soviets y comités de fábrica que interpretaban no habían sido desnaturalizados por el nuevo poder. Pero por encima de todo se impuso la idea de que lo que había emergido en unos pocos días era un régimen que quería serlo de partido único, que apostaba por una férrea centralización, que se disponía a desplegar un poderoso aparato represivo y que mostraba una visible disposición a cancelar las capacidades autónomas correspondientes a los soviets —también los había de campesinos y de soldados— y a los comités de fábrica. No parecía quedar nada del proyecto que los bolcheviques habían acariciado entre los meses de abril y octubre de 1917, que sobre el papel halagaba a esas instancias y promovía fórmulas de autogestión o, al menos, de control obrero. En ese marco despuntaron algunas disputas entre las corrientes anarcocomunistas —menos colaboradoras con el mundo bolchevique— del movimiento libertario, por un lado, y las anarcosindicalistas, que contaban con un peso sensiblemente menor, por el otro.

Hay quien se sentirá tentado de afirmar que los bolcheviques, llevados del deseo de salvaguardar la revolución, acabaron paradójicamente con esta última, al amparo de una discusión que a mi entender tuvo al cabo un mayor relieve que el que exhibió la que se desarrolló dos décadas después en España. Lo digo porque en esta última las dos opciones —vamos a suponer que fueron solo dos— enfrentadas, y hablo de las que supusieron el socialismo autoritario de cuartel y el socialismo libertario, fueron derrotadas, en tanto en cuanto en Rusia una de ellas, la primera, triunfó y abrió paso a un orden que pervivió durante tres cuartos de siglo.

3. Parece obligado reseñar los rasgos principales del sistema que se perfiló de resultas del triunfo postrero de la revolución bolchevique. Mi atención se concentrará en aquellos de esos rasgos que fueron percibidos con ojos manifiestamente críticos desde el mundo libertario ruso. Ese mundo partió de la certeza de que la llamada *revolución bolchevique* fue antes un golpe de Estado que una genuina revolución social o, si así se quiere, fue un golpe asestado en la estela de una revolución social que —vuelvo sobre esta idea— al poco se encargó de cancelar. Aunque, en realidad, la tesis de que lo que triunfó fue un golpe de Estado contrastaba, no sin alguna paradoja, con la certificación de que el Estado se había venido abajo en el imperio ruso, de tal suerte que como escenario de unos u otros movimientos era muy débil. Creo que lo que al cabo sucedió fue que los bolcheviques se entregaron a la tarea de reconstruir un Estado en los hechos inexistente, y ello en virtud de decisiones que tanto tenían que ver con la matriz ideológica, hipercentralista, que abrazaban como con

el vacío que había generado la huida de las clases dirigentes tradicionales.

Más allá de lo anterior, se ha sugerido que en el meollo del proceso que se gestó en octubre de 1917 se reveló una circunstancia llamativa: no fueron las elites las que movilizaron a las masas, sino estas últimas las que hicieron lo propio con las primeras. Si la revolución de febrero la protagonizaron los trabajadores para al cabo quedar el proceso revolucionario en manos de la burguesía, la de octubre fue, de nuevo, protagonizada por los primeros para ser absorbida por la naciente burocracia bolchevique. Y es que los bolcheviques parecían mostrar una visible desconfianza en lo que se refiere a la capacidad creadora autónoma de los grupos humanos, y en singular del configurado por los obreros de la industria, que simplemente debían beneficiarse del proceso revolucionario y en modo alguno estaban llamados a protagonizar este último. "El problema de los bolcheviques es que no tienen fe en las masas. Se autodescriben como un partido proletario, pero se niegan a confiar en los trabajadores", explicó Mariya Spiridónova, la afamada militante eserista, a Emma Goldman. Para Lenin —no lo olvidemos— los trabajadores, por sí solos, no eran portadores de conciencia revolucionaria. Necesitaban, por el contrario, que esta les fuese transmitida desde fuera.

Lo anterior al margen, no puede discutirse que en octubre de 1917 los bolcheviques disfrutaban de un apoyo social importante. No eran una vanguardia minoritaria decidida, audazmente, a asumir un *putsch*. Contaban con cierto respaldo popular, a lo que se sumaban los efectos de una estructura férreamente organizada y razonablemente eficaz, y ello por mucho que se haya exagerado, sin duda, el relieve de esta última dimensión, en franco ocultamiento de divisiones y debilidades. Buena parte de la población rechazaba, además, un gobierno provisional que se había mostrado incapaz de poner fin a la guerra y de resolver los problemas más perentorios.

Las cosas como fueren, era evidente que el proletariado del que se reclamaban los bolcheviques, muy minoritario, no se había hecho con el poder, sustituido en esa tarea por una vanguardia omnisciente que se consideraba portadora de una ciencia social que otorgaba certezas. Lenin llegó a afirmar que no había contradicción alguna entre el socialismo y el hecho de que todas las decisiones recayesen en manos de una única persona, que casualmente era, por añadidura, él. El resultado fue el asentamiento de un sistema hiperjerarquizado que permitió la forja de una nueva clase dirigente. Con el paso del tiempo esta última, la burocracia, se mostró claramente separada del resto de la población y pasó a beneficiarse de una situación de privilegio.

Las herramientas mayores de la dominación burocrática fueron, por lo demás, tres. La primera asumió la forma de una planificación centralizada y autoritaria, que en modo alguno era un instrumento neutro llamado a acrecentar el bien general. Trotski subrayó que cuando la burocracia planificaba no se olvidaba de sí misma... La segunda fue un reparto desigual de la riqueza, que a menudo guardaba mayor relación con el acceso a bienes escasos que con los ingresos salariales. La tercera se reveló, en suma, a través de un régimen de propiedad amparado en la ilusión óptica de la desaparición de la propiedad privada de los medios de producción. En los hechos, y de la mano de una propiedad pública estatalizada, ese régimen colocó los recursos correspondientes, una vez más, en manos de la burocracia dirigente y los sustrajo a cualquier tipo de decisión popular, en los antípodas de lo que suele entenderse que es la autogestión. Lejos de esta, el trabajo se vio sometido a un patrón aberrantemente jerarquizado que permitió su militarización y la introducción, en la década de 1920, de métodos como el sistema Taylor, cuya eficacia había sido comprobada al calor del capitalismo estadounidense. No hubo hueco entonces, no ya para las prácticas autogestionarias recién mencionadas, sino siquiera para un modesto control obrero. Siempre debían ser otros —los empresarios, los funcionarios del partido— los encargados de señalar imperativamente qué es lo que correspondía hacer. Lenin lo dejó claro: "No estamos inventando una forma de organización del trabajo: la tomamos ya hecha del capitalismo". Para que nada faltase, en el esquema que me ocupa los campesinos, descritos siempre como un grupo humano reaccionario y, de resultas, manifiestamente preteridos, fueron objeto de una visible represión que canceló entre ellos cualquier espasmo revolucionario. De por medio de todas estas circunstancias, la apuesta bolchevique lo fue, en fin, en provecho de la gestación de unas fuerzas armadas convencionales y de un aparato represivo de capacidades ingentes.

Aunque muchas de las decisiones que acabo de mal describir obedecieron, en alguna de sus dimensiones, al propósito de hacer frente a las viejas clases pudientes, y de dar réplica, en paralelo, a la agresividad de las potencias occidentales, que asumieron un innegable cerco sobre el sistema naciente, mal haríamos en olvidar la otra cara de la cuestión: en su fundamento estaba también el designio de acabar con todo tipo de instancia obrera o campesina que disfrutase de capacidades autónomas, y el objetivo paralelo de deshacerse de eventuales competidores contestatarios, como los que aportaba, sin ir más lejos, el movimiento libertario. Lo que acaso emergió fue un singularísimo capitalismo burocrático de Estado —volveré sobre la idea— en virtud del cual el empresario privado fue sustituido por la burocracia emergente sin que desapareciese en modo alguno el imperio del trabajo asalariado y de la mercancía, de la alienación y de la explotación. Cambiaba el amo, pero no la relación de opresión.

4. Como cabía esperar, no faltaron las reacciones ante todo lo anterior. Aunque fueron muchas y de muy diverso cariz, tiene sentido que aquí preste atención a dos muy connotadas: la protagonizada por los marineros de la base naval de Kronshtadt, cerca de San Petersburgo, y la concretada en un movimiento insurreccional campesino, la *majnóvshina*, radicado en Ucrania. Aunque la dimensión campesina de la *majnóvshina* resulta indiscutible, no sería saludable que concluyésemos que la revuelta de Kronshtadt tuvo un carácter fundamental, o exclusivamente, urbano: muchos de sus protagonistas eran campesinos alistados en la marina. Más allá de lo anterior, conviene que recuerde que el ámbito temporal de manifestación de esos dos fenómenos fue

distinto: mientras la revuelta de los marineros duró unos pocos días, en marzo de 1921, la *majnóvshina* se hizo valer durante tres años, entre agosto de 1918 y el mismo mes de 1921. Subrayaré, en fin, que a duras penas puede afirmarse que esos dos movimientos fueron, en términos estrictos, anarquistas. Creo que encajan mejor en la etiqueta de *libertarios* que he propuesto en un texto anterior. Aunque anarquistas había en los dos casos —más en la *majnóvshina* que en la revuelta de Kronshtadt—, buena parte de los participantes eran sin más gentes que se sublevaron frente a un orden autoritario y frente a la cancelación de todo tipo de autonomía que beneficiase a instancias de carácter popular.

La revuelta de Kronshtadt fue un golpe muy fuerte para el naciente orden bolchevique. Quienes se sublevaban eran en buena medida los revolucionarios más granados de 1917. Y no se sublevaban en nombre del pueblo, sino que lo hacían en nombre de los principios que habían guiado la revolución de octubre. Reivindicaban con orgullo, en otras palabras, el peso de los soviets, de las instancias de base, frente al de los partidos. Desde la perspectiva de Paul Avrich, y por otra parte, el proyecto de los insurrectos no apuntaba a acabar con el "comunismo", sino, antes bien, al designio de reformar este suprimiendo al efecto las tendencias dictatoriales y burocráticas. Al cabo, lo que los sublevados exigían era una "tercera revolución". Si la primera había sido la de febrero de 1917 y la segunda la de octubre del mismo año, la tercera debía terminar con la burocracia y restablecer el poder de unos soviets autónomos que se emancipasen, frente a la represión policial y la tortura, de la tutela de un partido omnicontrolador. El propio Avrich entiende que, si hay que buscar una ideología inspiradora de la revuelta, esa ideología no era otra que una especie de "anarcopopulismo" empeñado en hacer realidad los viejos lemas *naródniki* que remitían a la demanda de "tierra y libertad".

La revuelta de Kronshtadt fue objeto, de cualquier modo, de una salvaje represión que por encima de todo tenía un significado: los bolcheviques, en este caso con Trotski a la cabeza, no mostraban ninguna duda en lo que respecta a la conveniencia de defender, sin asumir ningún tipo de transacción o negociación, el orden que habían perfilado. Muchos de los defensores del orden naciente, aunque propicios a reconocer que las demandas de los marineros incorporaban elementos merecedores de respeto y atención, consideraron al parecer que no podía ponerse en cuestión el propio poder, y el proyecto consiguiente, bolchevique. Es lícito afirmar que el fracaso de la sublevación de Kronshtadt fue también el de las iniciativas que apuntaban a recuperar, en Rusia y en otros países cercanos, el horizonte de una revolución social articulada desde abajo, sin burocracias ni dirigentes. Por lo que al bando bolchevique se refiere, lo poco que pudiera quedar de una apuesta por una revolución social, desde abajo, se lo llevó la represión de la revuelta de Kronshtadt. Lo que vino después, en la forma del socialismo de cuartel y sus aberraciones, ya lo conocemos.

Lo de la *majnóvshina* fue harina de otro costal. Este movimiento revolucionario de base campesina se hizo valer en buena parte del territorio ucraniano y se vio inmerso en una permanente confrontación bélica con los llamados *ejércitos blancos*, con los nacionalistas ucranianos y con los propios bolcheviques, que al cabo asumieron una crudelísima represión sobre los insurrectos. Importa subrayar que las victorias, sucesivas, sobre los blancos fueron vitales para la preservación posterior del régimen bolchevique, sin que del lado de los majnovistas se hiciese valer, por añadidura, ninguna alianza antibolchevique. Ello no es óbice para que Néstor Majnó, la cabeza visible de la *majnóvshina*, sostuviese repetidas veces que había adquirido carta de naturaleza una "dictadura obrerobolchevique", contrapuesta a lo que el propio Majnó entendía que debía ser una "comunidad libre de trabajo entre obreros y campesinos".

Archínov atribuye los siguientes rasgos generales a la guerrilla majnovista: desconfianza hacia los grupos que no se nutren de trabajadores y, más allá de ellos, hacia los partidos políticos, rechazo de toda dictadura, oposición a la institución Estado y defensa de la autogestión. Me interesa subrayar, con todo, que, pese a que el escenario no era el mejor para el despliegue de un ambicioso proyecto autogestionario, los guerrilleros majnovistas fueron escrupulosamente respetuosos de las decisiones que tomaban los campesinos radicados en los territorios que ocupaban. Lo primero que señalaban a estos era que tenían plena libertad para decidir cuál era la organización social de la que debían dotarse. La defendida por la guerrilla insurreccional era, aun así, la configurada por una organización comunista de la economía campesina, de la mano de un proyecto manifiestamente colectivo, no individual.

Debería procederse, de resultas, a la creación de comunas libres, no estatalizadas, al amparo de lo que se antojaba un recelo incipiente ante lo que empezaba a cobrar cuerpo en la vecina Rusia.

La guerrilla insurgente se convirtió en un permanente quebradero de cabeza para todos sus enemigos, y en singular para los bolcheviques, que tuvieron la oportunidad de apreciar que había otras maneras de entender el lema que rezaba "todo el poder a los soviets". Un lema que decían defender y que en los hechos ocultaba una franca aniquilación —lo repetiré una vez más— de cualquier capacidad autónoma de decisión del lado de aquellos. Los bolcheviques se percataron de que la combinación entre un proyecto libertario y un movimiento genuinamente popular era muy peligrosa para el naciente Estado que dirigían. Por detrás de la *majnóvshina* despuntó, en suma, la figura que dio nombre al movimiento: Néstor Majnó. Aunque innegablemente conflictiva, esa figura se convirtió en un símbolo de resistencia y coraje frente a todos los poderes.

5. En el mundo libertario se manifestó, por lo demás, una aceptación general de la conveniencia de trabajar en organizaciones —en lugar principal los soviets, los comités de fábrica y las cooperativas— de cariz no identitariamente anarquista. En ese mundo, y en los años que me ocupan, despuntaron por otra parte dos corrientes claramente diferenciadas que asumieron en un grado u otro una confrontación. Hablo del anarcocomunismo y del anarcosindicalismo. Los anarcocomunistas reclamaban, en esencia,

una libre federación de comunas —sus propuestas se acercaban a muchas de las formuladas por los *naródniki* en el pasado— y por lo general mostraban poco interés por la industria, sus aglomeraciones fabriles y sus estructuras burocráticas. Próximo a esta corriente, Kropotkin sostenía que la revolución rusa no abocaría en nada parecido al parlamentarismo occidental, sino, antes bien, en un radical cambio político y económico del que serían protagonistas comunidades locales, grupos de producción y otras asociaciones y federaciones. En tal sentido se exigía la entrega de las fábricas, minas y ferrocarriles, "no a un ministerio obrero, sino a los obreros que trabajan en ellos y que se organizan en asociaciones libres". Por lo que a los anarcosindicalistas se refiere, se revelaron comúnmente vinculados con los comités de fábrica. Estaban presentes en ramos importantes como los de los panaderos, el transporte fluvial y los estibadores, en la minería y en la industria alimentaria, en los servicios de correos y telégrafos, y también, pero en menor medida, entre los trabajadores del textil, los impresores y los ferroviarios. Los complejos industriales parecieron ser el núcleo principal de atención de los anarcosindicalistas, que con frecuencia recibieron críticas que referían su énfasis abusivo en lo que ocurría en las ciudades, en las fábricas y entre los proletarios, con un resultado delicado, que no era otro que la ausencia de propuestas en lo que hace al futuro de una población campesina muy pobre que, además, era mayoritaria.

A diferencia de lo que ocurrió en las dos décadas siguientes en España, esas dos corrientes no se beneficiaron de la existencia de una organización *paraguas* que, como la CNT española, acogiera en su seno a tirios y troyanos, e hiciera posible un trabajo razonablemente conjunto. La ausencia de esa organización fue objeto de mención constante, de lamento, en los círculos anarquistas, mal que bien condenados a certificar una debilidad ingente que no se correspondía con la presencia de grupos y organizaciones diversas. En los años posteriores menudearon reflexiones como la proporcionada por el grupo Dielo Trudá en la forma de la llamada "Plataforma organizativa para una unión general de anarquistas". En ese texto se afirmaba que con ocasión de los hechos de 1917 "el movimiento libertario mostró el más alto grado de compartimentación y confusión. La ausencia de una organización general llevó a las filas bolcheviques a muchos militantes anarquistas activos". En ese escenario acaso puede afirmarse que el mundo libertario tuvo arrestos suficientes para participar activamente en el derrocamiento del viejo orden, pero apenas hizo gala de ellos, en cambio, en la tarea de construir uno nuevo.

Cierto es que sobre la discusión anterior pende otra, como es la relativa a en qué medida estaban dadas las condiciones para que surgiese una organización paraguas como la invocada. El escenario, convulso, propiciaba la gestación de esa organización al tiempo que trababa, sin embargo, su despliegue. Que el movimiento libertario ruso arrastró carencias importantes acaso lo certifica el hecho de que en sus filas no se registró ningún debate relevante en lo que respecta a la marginación, a los problemas, de las mujeres. Entre 1917 y 1921 no se hizo valer, en otras palabras, nada homologable a lo que supuso, en el escenario de la república y de la guerra civil españolas, un movimiento como Mujeres Libres.

A partir de 1921 el mundo libertario en lo que había sido el imperio ruso entró en un franco declive del que fue en buena medida responsable la represión ejercida por el poder bolchevique. Aunque Lenin y Trotski señalaron que ningún anarquista sería hostigado por sus ideas, con el paso de los meses se hizo evidente que no era así. Al margen de ejecuciones, encarcelamientos y expulsiones, los periódicos y los locales libertarios fueron clausurados. La represión ejercida sobre los anarquistas ucranianos hubo de aguardar a 1920, un año en el que Emma Goldman y Alexander Berkman presentaron sin éxito sus protestas con ocasión del segundo congreso de la Internacional Comunista. A principios de 1921 se registró una nueva oleada represiva tras el aplastamiento de la revuelta de Kronshtadt. Fueron allanados los pocos locales, imprentas y clubes libertarios que quedaban. No está de más recordar que el propio Kropotkin fue obligado a trasladarse, en el verano de 1918, a una localidad situada a unas decenas de kilómetros de Moscú. Durante la guerra civil Kropotkin había denunciado repetidas veces las prácticas de la *Cheká*, la policía secreta bolchevique, lo que no impidió que hiciera lo propio con la intervención de los ejércitos foráneos, que interpretaba estimulaba las tendencias autoritarias y centralizadoras. Muchas veces se ha señalado, por lo demás, que el entierro de Kropotkin, en febrero de 1921, fue la última demostración de fuerza del mundo anarquista.

6. Tengo que prestar oídos a una disputa central, como es la relativa a en qué grado las medidas asumidas por dirigentes bolcheviques como Lenin y Trotski a finales de

1917, y en los años siguientes, fueron decisivas a la hora de perfilar lo que con el paso del tiempo acabamos conociendo como Unión Soviética. Estoy pensando en un proyecto autoritario, asentado en un partido único, empeñado en erradicar todas las disidencias, defensor de una activa militarización de la vida política y de la economía, y aniquilador de los soviets como instancias independientes. Importa subrayar que el asentamiento, en buena parte del imperio ruso, de fórmulas manifiestamente autoritarias se produjo bajo la dirección de Lenin en el partido bolchevique y se abrió camino en los propios meses finales de 1917. No tuvo su origen, pues, unos años más tarde, cuando Stalin, que innegablemente llevó esas fórmulas al extremo, se hizo con la dirección de ese partido.

Aunque puede y debe afirmarse que el proyecto leniniano no conducía de manera directa y necesaria a Stalin y sus atrocidades, estas últimas serían literalmente inexplicables sin las medidas que alentaron sus antecesores. Conviene agregar, por lo demás, que aunque en sus años postreros Lenin asumió una crítica de la burocratización que cobró cuerpo en la naciente Unión Soviética —esa crítica no se extendió, sin embargo, al resto de los elementos de las políticas avaladas por los bolcheviques—, Trotski nunca mostró propensión alguna a revisar sus percepciones y su conducta.

Creo que no está de más que agregue un par de observaciones. La primera me obliga a subrayar que el formidable talento táctico de Lenin contrastaba poderosamente con su escaso talento estratégico, y que es legítimo afirmar que esta última carencia algo tenía que ver con una lectura muy polémica y sesgada de la obra de Marx. Añadiré, en segundo término, que la consideración de la conducta de Trotski en sus años de dirigente del Estado forjado por los bolcheviques invita a concluir que los flujos autoritarios que permitieron encumbrar a Stalin fueron desarrollados, en buena medida, por el propio Trotski (y por otros, claro). Mientras apostaba por la cancelación de la autonomía de soviets y comités de fábrica, y se inclinaba por instaurar fórmulas de inquietante militarización del trabajo, en esos años Trotski no dudó en guardar silencio ante las demandas de las oposiciones que se revelaban dentro y fuera del partido bolchevique. Lo importante, al parecer, no era lo que se hacía, sino quién lo hacía…

7. Lo que al cabo se reveló en la Unión Soviética fue un sistema que no era, ciertamente, el propio del capitalismo liberal occidental, pero que tampoco se ajustaba a lo que Marx y Engels habían entendido que debía ser una sociedad socialista, o una sociedad en transición al socialismo. El sistema naciente era una *rara avis* en la cual se daban cita, como poco, cuatro dimensiones diferentes. La primera la aportaba, no sin paradoja, el capitalismo. No se olvide que en el meollo del proyecto bolchevique estaba la idea de que, para que ese sistema pudiera transitar al socialismo, era necesario que antes en él se hubiera verificado el desarrollo preceptivo de las fuerzas productivas, muy liviano en una Rusia con un capitalismo muy débil. Hablo de una idea tributaria de la defendida en buena parte de su obra por Marx, a los ojos de quien el capitalismo era una condición inexorable para un

posterior tránsito al socialismo. De resultas, parece que puede afirmarse que la burocracia dirigente en la Unión Soviética asumió el papel —también me he referido ya a ello— de una suerte de capitalista colectivo que mantenía con los trabajadores una relación similar a la que los empresarios privados mantienen con sus asalariados en el capitalismo occidental. Las cosas así, parece que puede afirmarse que los sistemas de tipo soviético no consiguieron dejar atrás en modo alguno el universo histórico y social del capitalismo.

La segunda dimensión la proporcionó lo que voy a llamar el "modo asiático de producción". Empleo esa expresión, acuñada al calor de la antropología del siglo XIX, para dar cuenta de cómo en la configuración del nuevo sistema a buen seguro que ejercieron su influencia, no precisamente menor, elementos que remitían a la realidad histórica del país, o de los países, en los que aquel germinó. En la edad media hubo en Rusia, sin ir más lejos, un tipo de estructura de poder que recordaba mucho a lo que supuso la burocracia dirigente en el sistema soviético.

Parece innegable, en tercer lugar, que en esos sistemas operaron algunos elementos muy singulares que probablemente hundían sus raíces en el origen estrictamente político-ideológico del poder de la burocracia. Estoy pensando, por ejemplo, en el derrotero asumido por el principio de maximización del rendimiento y del beneficio. Ese principio, que marca indeleblemente la lógica del capitalismo, se reveló en ellos, en el buen entendido de que lo hizo suavizado, algo perceptible, y hablo, claro, de la etapa posterior a Stalin, en un bajísimo rendimiento laboral, en buena medida una respuesta de los trabajadores ante la condición del sistema.

Me permito agregar, en cuarto y último lugar, que el socialismo operó como una añagaza retórica que permitía ocultar la realidad de fondo del sistema. Si es cierto, sin ir más lejos, y repito un argumento ya empleado, que la propiedad privada de los medios de producción fue abolida, no lo fue en provecho de una propiedad socializada y autogestionada, sino en aras de una propiedad estatalizada, o nacionalizada, detrás de la cual se ocultaban el poder y los intereses de la burocracia.

Parece que semejante amalgama de influencias a duras penas casa con la idea de *comunismo* tal y como la forjaron, en el XIX, pensadores como Marx y Engels, Bakunin y Kropotkin, o los socialistas mal llamados *utópicos*. Esa idea reclamaba el concurso de una sociedad de hombres y mujeres libres, al amparo de formas de planificación descentralizada y democrática, de la abolición del trabajo asalariado y de la mercancía, de la defensa de la igualdad en todos los terrenos, y de la solidaridad con los desheredados del planeta. Nada de esto último se abrió camino en la Unión Soviética, en la que, muy al contrario, emergió una especie de capitalismo burocrático de Estado. Este último no fue el producto, como ha señalado tantas veces el mundo liberal, del empeño de introducir fórmulas de ingeniería política, económica y social que vinieron a alterar el desarrollo natural de las fuerzas productivas. Fue, antes bien, una consecuencia de las fórmulas precisas de ingeniería que emergieron al amparo del irracional poder de la burocracia. Y es que al cabo el capitalismo no es sino un proyecto más de ingeniería política, económica y social.

8. No puede negarse que el escenario de 1917 era muy duro. En él se hacían valer los efectos de la miseria acumulada durante siglos en la sociedad rusa, las secuelas de la primera guerra mundial y, al poco, las consecuencias de otra guerra, la civil, y de la agresión exterior padecida por el régimen naciente. Todas esas condiciones podían justificar la adopción de medidas que, con carácter provisional, permitiesen hacer frente a los problemas correspondientes. Rosa Luxemburg señaló con buen criterio, sin embargo, que las que al principio parecían medidas extraordinarias y pasajeras adquirieron inmediatamente carta de naturaleza y se convirtieron, infelizmente, en la esencia del sistema naciente.

Y es que en ese escenario hay que preguntarse por el buen sentido de muchas de las opciones asumidas por los bolcheviques. Propongo algunos ejemplos de lo que quiero decir. El primero me invita a cuestionar la idea de que un partido único del que emanaban instrucciones indiscutibles era una mejor opción que la búsqueda del acuerdo entre percepciones varias. El efecto mayor fue que la pluralidad de alternativas que se reveló al calor de los procesos revolucionarios de 1917 tocó lamentablemente a su fin. ¿Qué sentido tenía granjearse, por otra parte, la hostilidad de quienes en los hechos eran la mayoría de los habitantes del país, los campesinos, al colocarlos en un papel secundario, presuponer su condición reaccionaria y someterlos a una viva represión? ¿No lleva razón el historiador Vladímir Brovkin cuando afirma que "la magnitud de la guerra entre bolcheviques y campesinos en el frente interno eclipsó a la de la guerra civil contra los ejércitos blancos"? ¿Por qué, por lo demás, la autogestión, que habría ganado con claridad para su causa a muchos trabajadores, fue dejada de lado en provecho de proyectos hipercentralistas que exigían un grupo humano separado, la burocracia, para salir adelante? Las fórmulas materialmente empleadas ¿fueron más eficientes? ¿No habría sido más inteligente poner freno al caos y a la corrupción que acompañaron indeleblemente al poder burocrático?

Al cabo la conclusión parece servida: la razón de fondo que vino a explicar la gestación de un orden autoritario y militarizado no fue el designio de hacer frente a amenazas como las que he mencionado unas líneas más arriba. Por detrás lo que se hallaba eran, muy al contrario, los intereses de un grupo humano empeñado en hacerse con el poder para ratificar su condición de privilegio. Y es difícil casar lo anterior con cualquier proyecto encaminado a construir una sociedad socialista. Los libertarios rusos tardaron poco en percatarse de lo anterior.

IV. LOS ANARQUISTAS DE LOS PAÍSES DEL SUR

En *Repensar la anarquía*, el libro datado en 2013, me pregunté si no hay hechos que invitan a concluir que el anarquismo participó, en un grado u otro, de un espasmo colonial. Si la pregunta era legítima, mi respuesta de entonces me parece hoy moderadamente insatisfactoria. En sustancia decía que, fueren cuales fueren las carencias del proyecto correspondiente, los anarquistas defendieron siempre la autonomía decisoria, la autodeterminación, de las comunidades humanas, de tal suerte que abrazaron un potente mecanismo de freno de esos eventuales espasmos coloniales de los que hablo. Aunque hay mucho de verdad en lo anterior, creo yo que conviene poner los puntos sobre las íes y escarbar en las carencias que, en las tres últimas décadas del siglo XIX y en las tres primeras del XX, mostraron los anarquistas, y en singular los que pasaron a vivir en países del Sur, en lo que respecta a la cuestión colonial.

El esfuerzo correspondiente se volcó en otro libro, el titulado *Anarquistas de ultramar*, que vio la luz unos años después. Ya he señalado en estas páginas que en sustancia es un estudio de cómo los primeros anarquistas, mayoritariamente europeos, que se trasladaron a los países del Sur en las seis décadas mencionadas se relacionaron con un sinfín de comunidades indígenas que desplegaban espontáneamente prácticas de autogestión y apoyo mutuo. Así las cosas, por las páginas de esa obra pasan los anarquistas que llegaron a los países del Sur, las numerosas comunidades indígenas que asumieron prácticas libertarias, la relación entre esos dos mundos que acabo de mencionar, la debilidad de la contestación del mundo colonial en el anarquismo clásico y la necesidad de llevar a cabo una definitiva descolonización del propio mundo anarquista. Debo confesar que la obra tuvo una acogida más bien fría, al menos si la mido en términos de ventas: la primera edición española tardó seis años en agotarse. Supongo que muchas personas entendieron, de cualquier modo, que se trataba de un trabajo erudito que hablaba de lo ocurrido, más de un siglo atrás, en países muy lejanos. Su suerte parece haber sido mayor lejos de la piel de toro. El libro ha disfrutado de dos traducciones a lenguas extranjeras —el francés y el italiano— y ha sido publicado en varios países de América Latina (en Argentina, en Chile, en Colombia y en México, si no me equivoco, más una próxima edición peruana). Espero poder demostrar en estas páginas que la obra tiene una actualidad innegable, en la medida en que nos invita a considerar críticamente muchos de los atavismos que, mal que bien, siguen pesando sobre nosotros.

En su inicio *Anarquistas de ultramar* formulaba varias precisiones terminológicas que, algunas de ellas ya invocadas en estas páginas, estoy obligado a reiterar aquí de manera sucinta. A su amparo señalaba, en primer lugar, que entenderé por *anarquismo* una propuesta surgida ante todo en la Europa del siglo XIX, dotada de un puñado de maestros pensadores —Bakunin, Kropotkin, Malatesta...—, la mayoría de ellos, vaya por dónde, varones, y materializada en conceptos como los de *autogestión*, *democracia directa* y *apoyo mutuo*. Emplearé, en segundo término, el adjetivo *libertario* para describir la conducta de gentes que, anarquistas o no, ponen en práctica en su vida cotidiana esos conceptos, como sucede con muchos de los integrantes de las comunidades indígenas recién mencionadas. Y concluiré que de los muchos adjetivos que se han utilizado para describir a esas comunidades humanas radicadas en el Sur el que más adecuado me parece es el que ya he empleado en estas líneas, *indígenas*, que permite establecer un nexo entre su condición y el territorio que habitaban o habitan, sin descartar otros —*primitivas*, *atrasadas*, *salvajes*, *nativas*, *originarias*— que, pese a tener en su caso un carácter despectivo, bien pueden ser defendidos de la mano de un argumento provocador: somos orgullosamente primitivos y salvajes frente a la miseria que el hombre blanco occidental suele defender.

Permítaseme que intente retratar una parte de la casuística anterior y que lo haga al amparo de una circunstancia personal. Hace unos años me pasó por la cabeza la idea de perfilar una antología de textos creados por los anarquismos del Sur. Pronto me vi, sin embargo, enfangado en la tarea. ¿Por qué? Si uno decidiese acoger un puñado de artículos o proclamas emitidos por anarquismos del

Sur en 1905, al poco se percataría de que lo que se publicaba en Buenos Aires, en la Ciudad del Cabo, en Bombay o en Shanghai era extremadamente similar a lo que en ese mismo año veía la luz en Lisboa, en Barcelona, en París o en Roma. Lo textos que llegaban de las primeras ciudades resultaban ser claramente tributarios de los que veían la luz en las segundas, de tal suerte que cabía dudar de la originalidad de la producción que procedía de los países del Sur y la antología que tenía en mente contaba con fundamentos más bien precarios. Cierto es que el problema que acabo de identificar empezó a limarse luego de la década de 1920, cuando el anarquismo inició un proceso de revisión que, ahora sí, incorporaba una crítica consecuente de la propuesta colonial.

1. Salta a la vista que lo que acabo de describir como *anarquismo* fue, lejos del recinto europeo —en su caso norteamericano— en que vio la luz, un fenómeno importado. Y lo fue, entre otras razones, porque los intentos de identificar una raíz autóctona para muchas de las manifestaciones del anarquismo radicado en los países del Sur han resultado ser poco fructíferos (no hablo ahora, claro, de las prácticas *libertarias* de muchas comunidades indígenas). Más allá de lo anterior, parece difícil negar que el anarquismo que llegó a esos países era portador, en un grado u otro, de una trama ilustrada y moderna que se hacía acompañar de algunas secuelas que bebían de algo que olía a etnocentrismo.

Señalaré, de forma más precisa, y enunciando lo que acaso es una obviedad, que los anarquistas europeos arribaron a los países del Sur por un puñado de puertos. Y es que, al fin y al cabo, la historia de esta expansión del anarquismo es una historia de barcos y de puertos. La lista de estos últimos es larga y en ella se dan cita nombres como los de Veracruz, La Habana, Cartagena, Guayaquil, Valparaíso, Buenos Aires, Montevideo, Santos, Río, Bahía, la Ciudad del Cabo, Durban, Bombay, Calcuta, Shanghai, Tokio o Melbourne. En muchos casos los anarquistas recién arribados permanecieron, por añadidura, en esos puertos, algunos de los cuales operaron como repetidores de las ideas correspondientes. Esto último sucedió, por ejemplo, con La Habana en el caso del Caribe, con Buenos Aires en el del cono sur, o con Tokio y Shanghai en lo que respecta al este del continente asiático.

Me parece que la llegada de las ideas anarquistas se ajustó a dos grandes modelos. El primero, y el más común, se registró en América, en el norte y el sur de África, y en buena parte de Asia y Oceanía. En este caso fueron mayormente trabajadores europeos, en ocasiones exiliados o desterrados, los que llevaron, en los barcos mencionados, las ideas anarquistas a los países del Sur. El segundo nos habla, en cambio, de cómo personas originarias de Japón, de China, de Vietnam o de Filipinas, países todos de eso que se ha dado en llamar *lejano oriente*, vivieron un tiempo en Europa y regresaron al cabo a sus países siendo portadoras de la buena nueva anarquista. Cierto es que no faltaron las excepciones ante estos dos modelos. Recordaré, por ejemplo, que el anarquismo boliviano no vio la luz de resultas de la llegada de inmigrantes europeos: surgió, antes bien, en virtud del contacto establecido entre trabajadores bolivianos, por un lado, y obreros chilenos y argentinos, por el otro. Y agregaré, en lo que respecta al segundo modelo, que hasta donde llega mi conocimiento, en un país del este de Asia, Indonesia, la llegada de las ideas anarquistas se produjo de la mano, ante todo, y conforme a lo que invoca el primer patrón, de la arribada paralela de inmigrantes holandeses.

Tiene sentido —me parece— que trace un perfil general de quiénes eran esos anarquistas que en muchos lugares llegaron a los países del Sur en las tres últimas décadas del siglo XIX y en las tres primeras del XX. Señalaré al respecto, antes que nada, que en la mayoría de los casos se trataba de obreros de la industria que formaban parte de movimientos organizados. Pese a lo que tantas veces ha sugerido el historiador británico Eric Hobsbawm, empeñado en identificar milenarismos por doquier, no era frecuente que entre los anarquistas se hiciesen valer artesanos y comerciantes. Tengo en mente, por otra parte, a gentes que —ya lo he señalado— con mucha frecuencia se quedaron a vivir en los puertos a los que llegaban, esto es, en medios urbanos. Aunque no faltaron los movimientos anarquistas campesinos, hay que convenir que su relieve fue menor. Las gentes que me ocupan eran, por lo demás, mayoritariamente hombres, con una presencia femenina más bien reducida. En las prácticas de estos anarquistas de ultramar despuntó, en fin, una preeminencia notable de la palabra escrita, materializada, una vez más, en libros, folletos y revistas. Esa preeminencia bien pudo trabar, es verdad, la relación con un sinfín de comunidades indígenas de carácter ágrafo.

No está de más que añada que los anarquistas que me interesan fueron víctimas frecuentes de mecanismos represivos varios entre los que destacaron las leyes de expulsión que se revelaron, por ejemplo, en todo el continente americano. A menudo fueron vinculados por las autoridades con el parricidio, el envenenamiento, el infanticidio, la violación o el incendio. A los ojos de esas autoridades los anarquistas eran siempre, por lo demás, extranjeros.

2. No sin antes señalar que en este estudio he empleado información procedente de lo que hoy son treinta países diferentes —una muestra, creo, razonablemente amplia, toda vez que en la mayoría de los países del Sur no se hicieron valer, en los años objeto de mi atención, movimientos anarquistas—, me permitiré identificar una primera materia de interés: la que aportan lo que llamaré los *anarquismos híbridos*. En esencia estos últimos se habrían propuesto adaptar las ideas procedentes de Europa a las condiciones propias de cada uno de los espacios del Sur. Creo que intentos encaminados a asumir esta tarea se registraron, sin ir más lejos, en países como Bolivia, Chile, Colombia, México y Perú. A mi entender en todos los casos fueron esfuerzos baldíos.

Merece la pena prestar atención, sin embargo, a dos modelos *sui generis*: el estadounidense y el chino. En lo que respecta al primero, y tal y como me parece que lo revela el libro de Eunice Minette Schuster titulado *Native American Anarchism*, se habría manifestado un anarquismo autóctono, individualista e independiente del europeo, enfrentado al anarcocomunismo, el anarcocolectivismo y el anarcosindicalismo que traían los inmigrantes procedentes del otro lado del Atlántico, al amparo todo ello, claro, de un magma cargado de tensiones y contradicciones. En el segundo caso, el chino, despuntaría una cultura política, la local, que rechaza la existencia de productos foráneos de interés: todo ha sido creado y probado antes en China, parece decírsenos. Aunque, en mi interpretación, el anarquismo chino acometió un empleo interesante de categorías de la cultura autóctona para explicar los contenidos del anarquismo importado, en modo alguno se desligó de la influencia poderosa, y central, de este último.

3. Voy a formular algunas ideas sobre lo que llamaré las prácticas *libertarias* de los pueblos indígenas. Antes que nada quiero recordar que nuestro conocimiento sobre esas prácticas y esas comunidades nos ha llegado por dos canales. El primero lo aportan trabajos bien conocidos de pensadores anarquistas. Pienso en los hermanos Reclus —Élie y Élisée—, en *El apoyo mutuo* de Piotr Kropotkin —en el que este estudia también las sociedades animales—, en los escritos de Gustav Landauer —interesado ante todo por organizaciones comunales vinculadas con un impulso espiritual común— o, más recientemente, en determinados acercamientos de dos pensadores que mantuvieron agudas diferencias entre sí: Murray Bookchin y John Zerzan. En mi percepción, con todo, en lo que atañe al anarquismo clásico primó la idea de que al reivindicar la condición de esos pueblos indígenas se estaba subrayando que no era nada raro lo que se reivindicaba en el presente, y no se hizo valer, hablando en propiedad, una defensa cabal de

lo que esos pueblos significaban. El segundo canal lo ha aportado un puñado de antropólogos de prestigio de un siglo atrás: hablo de figuras como las de Edward Evans-Pritchard, Marcel Mauss o Alfred Radcliffe Brown, quienes, en su estudio sobre las sociedades sin Estado, a menudo declararon francas simpatías por las prácticas de corte libertario o libertarizante. Una huella más reciente de esas percepciones la ofrecen las obras —ya me he referido antes a estos autores— de Pierre Clastres, Marshall Sahlins y David Graeber.

Si alguien se pregunta por el relieve de esas comunidades indígenas de prácticas libertarias, responderé que ni tuvieron ni tienen un carácter universal, ni exhiben, en sentido contrario, una condición marginal. En el buen entendido de que, si tengo que inclinarme por alguna de esas dos posibilidades, creo que la que apunta una presencia fuerte y consistente sale ganando con claridad. Comunidades de esa naturaleza se han hecho valer entre recolectores-cazadores, nómadas y agricultores, y ni siquiera han faltado, cierto que en escenarios complejos, en imperios como el azteca o el inca. Se han manifestado, por lo demás, en los cinco continentes, y tanto en el pasado como en el presente.

Varios son los rasgos vertebradores, no siempre presentes, de esas comunidades. Uno de ellos es su carácter igualitario, que se revela en sociedades que, no obsesionadas con el trabajo, buscan la mera satisfacción de las necesidades —sus integrantes trabajaban y trabajan a menudo menos horas que nosotros— y se muestran respetuosas con el medio natural, toda vez que no saquean y se limitan a tomar escuetamente lo que necesitan. Más allá de lo anterior, exhiben un rechazo expreso de la institución Estado. No perciben en la ausencia de este, por cierto, una carencia. Los jefes, cuando existen, están dotados de prestigio, pero no de poder, de tal suerte que no resulta sencillo identificar señales de despotismo, autoritarismo o dictaduras. En la percepción del recién mentado Graeber, y por otra parte, las formas de autogobierno y de deliberación colectiva desaparecieron en virtud del surgimiento del Estado, que en los hechos fue su sepulturero.

No puede negarse que también fue común que estas comunidades exhibiesen en el pasado, y en su caso exhiben hoy, taras innegables. Ahí están, para demostrarlo, el peso de la guerra y de la violencia, que obligan a separar lo propio de lo del "otro". Hay que mencionar también la marginación de las mujeres, aun cuando no siempre se desplegase conforme a patrones más o menos claros. Si algunas de estas sociedades han sido y son en este terreno manifiestamente igualitarias, Rita Segato ha sugerido que las comunidades precoloniales lo eran de un patriarcado de baja intensidad. Habrá que admitir que, aparte de lo que ocurre con las mujeres, los ancianos se imponían las más de las veces sobre los jóvenes, y los *normales* sobre los *desviados*.

Aunque en retroceso, sociedades como las que me ocupan siguen existiendo, las más de las veces entre comunidades de cazadores-recolectores. Lejos del mundo de estos últimos perviven también, sin embargo, realidades interesantes como las retratadas por James Scott en el libro dedicado al estudio de los montañeses que, en el interior de Indochina, cubren un espacio geográfico muy extenso. Por encima de todo, las comunidades que aquí me interesan ilustran que es posible concebir la vida humana de otra manera diferente de la nuestra.

4. Debo examinar de manera somera la relación existente entre los anarquistas y las prácticas libertarias de los pueblos indígenas. En el buen entendido de que mis observaciones se refieren en exclusiva al período 1870-1930, y no a etapas posteriores. Creo que esa relación se ajustó a cuatro modelos diferentes.

El primero de esos modelos habla de un vínculo inexistente, bien por ausencia de movimientos anarquistas, bien por la desaparición previa de lo que llamaré, aun a sabiendas de las disputas que el término suscita, *pueblos originarios*. La primera circunstancia se hizo valer, por ejemplo, en el mundo bereber, en el que había, y hay, comunidades que despliegan prácticas libertarias pero, al menos en el periodo objeto de mi interés, no se hacían valer grupos anarquistas. Pero se reveló también al calor del comunalismo africano, vinculado con un sinfín de prácticas libertarias desarrolladas sin movimientos anarquistas acompañantes. El segundo caso lo ilustra la realidad de escenarios como los de Cuba, Puerto Rico o Uruguay, en los que había, sí, movimientos anarquistas pero los pueblos originarios habían sido exterminados mucho tiempo atrás.

El segundo patrón identifica la presencia de los dos elementos que nos interesan pero refiere la existencia de relaciones muy débiles. Cierto es que en algunos casos la debilidad de esas relaciones se podía explicar en virtud de la lejanía entre los espacios ocupados por las comunidades indígenas y los lugares de asentamiento de los movimientos anarquistas. Creo que eso es lo que al cabo sucedió en lo que conocemos como Argentina. Mientras las comunidades indígenas se hallaban al norte del país y en las zonas mapuches cercanas a Chile, los anarquistas se concentraban, muy lejos, en el río de la Plata o, como mucho, en algunas ciudades del interior. El caso chileno es menos sencillo de explicar, toda vez que en él no había demasiada distancia entre el escenario de aposentamiento mayor del movimiento anarquista —el área de Santiago y Valparaíso— y las regiones habitadas por los mapuches. Parece que en este caso los anarquistas no estuvieron, sin más, a la altura de sus deberes en lo que respecta a la identificación de las prácticas libertarias de muchas de las comunidades autóctonas.

El tercer horizonte se caracterizó por lo que describiré como una relación cierta pero marcada por notorios desfases temporales. ¿En qué estoy pensando? Parece que puede afirmarse que en lugares como Brasil, China, la India o Japón los movimientos anarquistas mantuvieron la memoria, cabe suponer que a menudo liviana, de la presencia, casi siempre siglos atrás, de comunidades inmersas en prácticas libertarias. No sé si incluir en esta rúbrica lo acontecido con la percepción que los movimientos anarquistas locales blandieron en Colombia y Venezuela en relación con los cimarrones (lo suyo es recordar, eso sí, que estos últimos eran mayormente descendientes de poblaciones negras procedentes de África, y no, y hablando en propiedad, habitantes indígenas).

Recupero un cuarto y último modelo, que en este caso da cuenta, por fin, de una relación fluida como la que se reveló en áreas importantes de México y en el mundo andino de Perú y de Bolivia. En estos escenarios se verificó una sugerente síntesis de anarquismo e indigenismo, de la mano de una influencia mutua que estimuló la presencia de indígenas en los movimientos anarquistas y la de anarquistas en las comunidades indígenas. Creo que esa mutua vivificación ha acabado por aportar muchos de los cimientos de lo que más adelante llamaré *anarcoindigenismo*.

Buen momento es este para agregar que la discusión que ahora me interesa ha tenido también sus retoños en Europa. Mencionaré al respecto algunos de los problemas de interpretación vinculados con el anarquismo andaluz y con el anarcocomunismo ruso. En ambos casos parece que puede afirmarse que en la gestación de los movimientos anarquistas locales tuvieron mucho mayor relieve las prácticas libertarias de los pueblos originarios que la difusión de las ideas de Bakunin o de Kropotkin. Estoy pensando al respecto en la tradición *federal* y colectivista presente desde mucho tiempo atrás en Andalucía y en muchos de los argumentos esgrimidos por el anarcocomunismo ruso, y ante todo los relativos a la comuna rural, frente a las posiciones de un anarcosindicalismo que a menudo era percibido —ya lo señalé en el capítulo anterior— como una artificial imposición procedente de la Europa occidental.

5. El anarquismo es un hijo disoluto, pero hijo al fin y al cabo, de la *Ilustración* y de la *modernidad*. No quiero ignorar que el retrato de estos dos fenómenos que acometo en

el libro, adobado como está de consideraciones críticas, es muy negativo. Aunque pueda resultar excesivo, me parece que permite identificar, sin embargo, un puñado de realidades que merecen contestación. Al calor de esos dos fenómenos se forjó, o en su caso se ratificó, un mundo de jerarquías y separaciones que tuvieron como víctimas mayores a la plebe y a las mujeres. Se defendió en los hechos un magma, el del capitalismo y la explotación, que contó con el apoyo inestimable del Estado y de sus aparatos represivos. Se difundió una versión ingenua e idealizada de lo que significaban, y significan todavía hoy, la ciencia, la técnica, el trabajo y el progreso. Se exaltó, en fin, la superioridad de la civilización propia, de tal manera que, en un escenario en el que en modo alguno faltaron el etnocentrismo y el racismo, se justificó obscenamente la expansión planetaria de aquella.

Bien sé que los anarquistas de finales del XIX y principios del XX contestaron denodada y lúcidamente muchas de estas aberraciones. Creo, sin embargo, que no estuvieron a la altura de las circunstancias en lo que se refiere a tres de ellas. Aunque, y por lo pronto, parecieron postular proyectos que reclamaban la plena igualdad de mujeres y hombres, en los hechos su conducta estuvo a menudo muy lejos de propiciar esa igualdad. Ya he señalado en otro de los textos que configuran este librito que Mujeres Libres se creó en España en 1936 para denunciar y echar abajo la sociedad patriarcal del momento, pero también para luchar contra el machismo imperante en muchas de las propias organizaciones anarquistas o anarcosindicalistas. En un segundo escalón sobran los motivos para concluir que la mayoría de los anarquistas sucumbieron al hechizo de lo que significaban la ciencia, la tecnología, el trabajo y el progreso recién mencionados, sin preguntarse por la dudosa dimensión emancipadora de muchas de las concreciones de estos artefactos. Para que nada faltase, en fin, y en buena medida de resultas de lo anterior —era el hombre blanco occidental el que había aprestado todos esos maravillosos instrumentos—, asumieron la superioridad de la civilización correspondiente y justificaron, siquiera fuera a regañadientes, su expansión por los cinco continentes. Creo que no preciso apostillar que en las últimas décadas muchos de estos elementos de sinrazón han sido corregidos, sin embargo, y creo que eficientemente, por el mundo anarquista.

6. Tengo que prestar por fuerza atención a la presencia del discurso anticolonial en el anarquismo de finales del XIX y principios del XX. La tesis principal que voy a defender al respecto señala que en ese anarquismo se produjo una soterrada aceptación de la colonización occidental del mundo, aun cuando, y en paralelo, se criticasen con entereza lo que se entendía que eran los abusos y las aberraciones que acompañaron a esa colonización. De resultas, el discurso mencionado resultó ser débil en un escenario en el que cabía concluir que en los hechos se atribuyó un mayor relieve a la cuestión *nacional* que a la cuestión *colonial* que aquí me interesa. Baste con recordar al respecto que el propio Élisée Reclus, acaso el pensador anarquista que más se acercó a estas discusiones, apoyó la colonización francesa en Argelia aun cuando, y de nuevo, criticase los excesos que la aderezaron.

Pese a lo que acabo de señalar, hasta la década de 1920 el anarquismo disfrutó de una clara hegemonía en la contestación del colonialismo occidental. Ello fue así ante todo por una razón: su principal competidor, más presunto que real, al respecto no estaba a la altura de las circunstancias. Pienso en la condición de muchos movimientos que se reclamaban en un grado u otro del pensamiento de Marx y que en unos casos tenían un carácter visiblemente reformista —nada audaz, pues, en el terreno que ahora me ocupa— y en otros no hacían sino acatar muchos de los lugares comunes que había alentado, en su etapa *madura*, el propio Marx. Téngase presente que para el Marx canónico —las cosas cambiaron en los últimos años de vida del pensador alemán— el capitalismo debía operar como una especie de aspiradora que fuese absorbiendo todas las formaciones sociales atrasadas, y entre ellas las que, lastradas por un precario desarrollo de las fuerzas productivas, exhibían una condición agraria y se emplazaban en los países del Sur. Con esos mimbres es fácil deducir que resultaba arduo levantar un discurso anticolonial. Para que nada faltase, en las décadas de 1840 y 1850 tanto Marx como, y en especial, Engels se habían entregado a lo que en los hechos se antojaba una loa del colonialismo. Ahí estaba, para certificarlo, la alegría que producía la incorporación de Texas, liberada entonces del ascendiente de esos perezosos mexicanos, a Estados Unidos, o la que generaba otra incorporación a ese mismo país, la de California, llamada a permitir que la civilización se abriese al océano Pacífico.

Las tornas cambiaron, y lo hicieron abruptamente, a principios de la década de 1920 y lo hicieron con ocasión de la creación, en la naciente Unión Soviética, de la Internacional Comunista, de la Komintern. Por detrás despuntaban las ideas de Lenin, quien, con innegable talento táctico, adujo, por un lado, que el imperialismo minaba el desarrollo de las fuerzas productivas y anotó, por el otro, que una revolución en un país colonial podía servir de espoleta para un proceso revolucionario en la metrópoli. En adelante la hegemonía en la contestación del colonialismo pasó a corresponder, con claridad, a movimientos que se autodescribían, con razón o sin ella, como *marxistas*. Cierto es, en paralelo, que esos movimientos tenían un franco carácter estatalista y autoritario, aunque en sus filas, o en sus aledaños, no faltasen pensadores libertarizantes como fue el caso, por ejemplo, de Frantz Fanon.

Me veo en la obligación de formular, aun así, dos apostillas importantes. La primera vuelve sobre algo que ya he señalado y lo hace para reconocer que los límites entre la cuestión nacional y la cuestión colonial fueron, acaso era inevitable, cualquier cosa menos claros. El debate sobre las independencias de los países colonizados produjo, sin ir más lejos, agudas divisiones internas en los movimientos anarquistas, unas divisiones que en algo recuerdan a las que se han hecho valer en los últimos años en relación con Cataluña. En la Cuba de finales del siglo XIX hubo anarquistas, tal vez la mayoría, que tomaron partido por la independencia de la isla, de la misma forma que los hubo que subrayaron que una república cubana independiente acabaría por reproducir las mismas miserias que arrastraba la dominación colonial española. Por rescatar otro ejemplo, al anarquismo coreano se le ha endosado de siempre un sambenito, el de *nacionalista*, que a menudo suscitó una réplica merecedora de atención: comoquiera que el país se había visto constantemente sometido a dominaciones extranjeras, ante todo la japonesa, se hacía difícil imaginar la configuración de una sociedad de autogestión y apoyo mutuo si antes no se verificaba la liberación con respecto a esa dominación.

La segunda apostilla anota que nada de lo anterior invita a olvidar que, fueren cuales fueren las carencias de las que eran víctimas, muchos de los movimientos anarquistas de la etapa que aquí me interesa asumieron con coraje la contestación de las muchas aberraciones que acompañaron a la colonización occidental. Si los anarquistas españoles, sin ir más lejos, se enfrentaron a las políticas militaristas que España desplegó en Cuba, Filipinas y Marruecos, el grueso del anarquismo europeo plantó cara a las aberraciones coloniales que se revelaron en Argelia o Egipto y los anarquistas latinoamericanos contestaron la gran guerra librada entre 1914 y 1918. Hoy, tras décadas de profundización en la crítica del colonialismo en sus diferentes manifestaciones, el anarquismo, en el Norte como en el Sur, ha despuntado en la lucha contra lo que supone la hegemonía norteamericana en todo el planeta —los nombres de Vietnam, Chile, Afganistán e Iraq resuenan al respecto—, ha hecho otro tanto con las renovadas ínfulas coloniales de la Unión Europea, ha criticado de manera consecuente los espasmos imperiales que se han revelado en la Unión Soviética —después en la Rusia independiente— y en China, ha puesto el dedo en la llaga de lo que significa el Estado de Israel y ha colocado en el primer plano de sus preocupaciones la contestación del militarismo y del racismo.

7. La discusión que me ha atraído en estas páginas es de hoy, como lo testimonian, entre otros muchos casos, los hechos más recientes en dos recintos connotados: Chiapas y Rojava. En el primer caso, en México y durante el último cuarto de siglo, al calor del zapatismo; en el segundo en una franja de territorio situada al norte de Siria, mayoritariamente poblada por kurdos y en una etapa más cercana, merced a lo que ha dado en llamarse *confederalismo democrático*. Hablo de dos lugares mucho menos marcados por la lógica mercantil del capital y por la búsqueda del beneficio privado que lo que ocurre comúnmente en el Norte rico. En esos dos escenarios, y con innegables e inevitables carencias, han adquirido carta de naturaleza un puñado de elementos que ya he tenido la oportunidad de mencionar en otro volumen que recoge el contenido de algunas de mis charlas. Entre ellos están el asentamiento de economías autogestionario-cooperativas, el recelo con respecto a la institución Estado, el rechazo de lo que significan el capitalismo liberal y el socialismo de cuartel, el designio de colocar a las mujeres en el núcleo del proyecto de emancipación, el propósito de preservar sabidurías ancestrales y, en suma, el deseo de mantener una relación fluida y respetuosa con el medio natural. Por encima de todo, creo que en esas dos iniciativas despunta el objetivo de aprender de las poblaciones locales antes que el de enseñar y dirigir a estas últimas. Creo firmemente, en este orden de cosas, que la inspiración mayor de los procesos

correspondientes remite a prácticas de carácter libertario que beben de muchos de los códigos de comportamiento de las comunidades indígenas. En el buen entendido, eso sí, de que en los dos escenarios que ahora me atraen despunta un propósito expreso de difusión de lo que se hace y de solidaridad con otras comunidades que no siempre está presente en esos pueblos indígenas.

A tono con muchos de los argumentos que he expresado en estas páginas, voy a defender lo que en los hechos ha sido descrito con tres nombres muy próximos entre sí: anarcoindigenismo, anarcaindigenismo y anarc@indigenismo. Se trata, en sustancia, de una síntesis, sin imposiciones, de anarquismo, indigenismo y feminismo. Una síntesis que se traduce en una propuesta que reivindica el ejercicio del derecho de autodeterminación de las comunidades indígenas, el despliegue de una definitiva descolonización que acabe con las ínfulas de superioridad características del mundo occidental, la restitución efectiva de los recursos que en su momento fueron sustraídos, el aprendizaje de conocimientos que no llegan de la mano del capital y sus juegos, la búsqueda de respuestas ante los problemas de las mujeres en los pueblos indígenas y, en suma, la contestación de lo que significan el capitalismo y el Estado.

Creo yo que el escenario de un colapso que se anuncia tan oneroso como cercano —hay quien sostiene, con argumentos que merecen ser estudiados, que ya estamos en él— otorga relieve y actualidad a muchas de esas comunidades indígenas de las que hablo en este texto. Y en particular, y en virtud de una excelsa paradoja, a aquellas que de siempre hemos entendido que eran las más pobres y marginadas. Vaya por dónde, en el escenario del colapso los espacios del Sur que han mostrado una menor integración en el proceso globalizador, y que son, de resultas, menos dependientes de energías y de tecnologías que por definición tienen que llegar de lejos, serán muy probablemente los que salgan mejor parados. Y ello será así, tanto más, si consiguen fusionar de manera convincente las culturas precapitalistas que atesoran y los proyectos anticapitalistas que seguimos empeñados en defender. Y es que, y ratifico un argumento del que me hice eco en el primer capítulo de este librito, lo que es excepcional en la historia humana es la lógica del Estado y del capital, permanentemente obsesionada con aniquilar, en todos los escenarios, la práctica de la autogestión y del apoyo mutuo.

EPÍLOGO

En estos textos poca o ninguna atención he dispensado a las diferentes corrientes que históricamente se han revelado en el anarquismo. Pienso tanto en las que marcaron tiempo atrás el derrotero de este —el anarcoindividualismo, el mutualismo anarquista, el anarcocolectivismo, el anarcocomunismo o, más recientemente, el anarcosindicalismo— como en las que lo hacen ahora —el plataformismo, el insurreccionalismo, el anarcoprimitivismo, el especifismo, el anarquismo social, el anarcofeminismo, el comunalismo o el anarquismo sin adjetivos—. Si tengo que justificar el interés, limitado, que me producen todas esas corrientes, lo haré recordando que hoy en día es difícil imaginar una colisión entre partidarios de Bakunin y de Kropotkin, entre anarcocolectivistas y anarcocomunistas, tanto más si partimos de la presunción de que en el magma del anarquismo no hay, o no debe haber, pensadores canónicos incuestionables.

Aunque algunas de esas corrientes siguen conservando, pese a lo dicho, un relieve innegable, me parece que en los hechos hay que interesarse por otras divisiones internas que exhiben una importancia a mi entender difícil de rebajar. Me refiero a la que separa a postuladores de la anomia espontaneísta y defensores de organizaciones vertebradas, en primer lugar, a la que enfrenta a hedonistas y partidarios de la autocontención, en un segundo escalón, y a la que opone a gentes inclinadas a defender la construcción de una sociedad nueva desde cero y a otras decididas a aprovechar los muchos elementos del pasado que perfilan prácticas de corte libertario, en tercer término.

No voy a dedicar mucho tiempo a glosar las dos primeras divisiones, que ahora me interesan menos. Me limitaré a señalar que no hay que despreciar en modo alguno las críticas que surgen de quienes defienden una espontaneidad radical y señalan el riesgo de burocratización y anquilosamiento que acosa a todas las organizaciones, en el buen entendido de que esas críticas a duras penas aciertan a convertirse en una descalificación cabal de estas últimas. Las organizaciones, anarquistas o libertarias, son a menudo el producto de la acumulación de fuerzas, del acercamiento entre personas, de la voluntad de preservar la memoria de las luchas del pasado y del designio de forjar objetivos razonablemente comunes. Y agregaré que la tensión entre hedonismo y autocontención recorre desde siempre las prácticas anarquistas, aun cuando parezca innegable que en el momento de la historia en el que nos ha tocado vivir —con una crisis ecológica de perfiles inquietantes— el segundo de esos polos parece haber ganado, irremediablemente, muchos enteros.

Doy por descontado que al lector, o a la lectora, que haya llegado hasta aquí en modo alguno le sorprenderá que, en lo que hace a la tercera de las divisiones, me declare firme partidario de la posición de quienes desean buscar, por debajo de la miseria de nuestras sociedades, un sinfín de señales de que el horizonte de la autogestión y del apoyo mutuo en modo alguno ha muerto. Antes bien, una y otro están ahí y reclaman un pronto ejercicio de ensalzamiento y recuperación al amparo de lo que se antoja la construcción de una sociedad paralela a la que el capital, el Estado y la sociedad patriarcal se han empeñado, con razonable éxito, en edificar. Para apuntalar el argumento se me permitirá que cite a tres autoridades. La primera es la del ya mencionado Gustav Landauer, quien en su momento señaló que "el Estado es una condición, una relación entre seres humanos, un modo de conducta humana; lo destruimos cuando establecemos otras relaciones, cuando nos comportamos de manera diferente". Por detrás está, claro, la idea de que hay que provocar el despertar de la sociedad primigenia y del sentimiento comunitario aniquilados por el Estado. La segunda corresponde a Colin Ward, y reivindica "una sociedad anarquista (una sociedad que se organiza a sí misma sin autoridad) que se presenta como una semilla bajo la nieve, enterrada bajo el peso del Estado y de su burocracia, el capitalismo y su derroche, los privilegios y sus injusticias, el nacionalismo y sus lealtades suicidas, las diferencias religiosas y su separatismo supersticioso". La tercera, en fin, de Paul Goodman, subraya que "una sociedad libertaria no puede resultar de la sustitución del viejo orden por uno nuevo. Significa, en cambio, la extensión del ámbito de la acción libre hasta que constituya la mayor parte de nuestra vida en sociedad".

Por detrás de esas tres citas se barrunta, claro, una percepción de la naturaleza humana que hace de esta una realidad más atractiva de la que hoy comúnmente se nos ofrece. Esa percepción invita a creer, por encima de todo, en el buen sentido de la gente de a pie. Y aconseja prestar atención, una vez más, a esas culturas precapitalistas que sobreviven en los países del Sur y que han resistido el embate del beneficio privado, de la idolatría del trabajo, del crecimiento frenético y del individualismo más extremo, en abierta y afortunada contestación de muchas de las reglas del juego amparadas por la Ilustración y la modernidad. Creo yo que, cuando explican su decisión de rechazar lo que significan el Estado y las elecciones, son muchos los anarquistas que han olvidado subrayar que su repudio de uno y otras es, antes que nada, el producto del designio de defender, en lugar privilegiado, la autogestión y el apoyo mutuo. Esta relación de causalidad tiene más relieve de lo que una primera lectura invitaría a concluir.

BIBLIOGRAFÍA

ADAMS, Jason (2015): *Anarquismos no occidentales. Reflexiones sobre el contexto global*, La Neurosis o las Barricadas, Madrid.

AMORÓS, Miquel (2022): *Los Amigos de Durruti en la revolución española*, Pepitas de Calabaza, Logroño.

ANDERSON, Benedict (2014): *Bajo tres banderas. Anarquismo e imaginación anticolonial*, Akal, Madrid.

ANWEILER, Oskar (1975): *Los soviets en Rusia*, Zero, Bilbao.

ARCHINOF, Pedro (1975): *Historia del movimiento macknovista*, Tusquets, Barcelona.

AVRICH, Paul (1973): *Kronstadt 1921*, Proyección, Buenos Aires.

— (1974): *Los anarquistas rusos*, Alianza, Madrid.

AYBOGA, Ercan; FLACH, Anja y KNAPP, Michael (2017): *Revolución en Rojava. Liberación de la mujer y comunalismo entre la guerra y el embargo*, Descontrol, Barcelona.

BAKUNIN, Mijaíl (1976): *Estatismo y anarquía*, Júcar, Gijón.

— (1978): *Escritos de filosofía política* (dos volúmenes), Alianza, Madrid.

BARBERO, Fernando (2018): *Breve y somera historia del anarquismo*, Queimada, Madrid.

Barret, Daniel (2011): *Los sediciosos despertares de la anarquía*, Anarres/Terramar/Nordan, Buenos Aires/Montevideo.

Bayer, Osvaldo (2009): *La Patagonia rebelde*, Txalaparta, Tafalla.

Berkman, Alexander (2009): *El ABC del comunismo libertario*, La Malatesta/Tierra de Fuego/Anarres, Madrid/La Laguna/Buenos Aires.

Bernecker, Walther L. (1982): *Colectividades y revolución social. El anarquismo en la guerra civil española, 1936-1939*, Crítica, Barcelona.

Boétie, Étienne de la (1980): *El discurso de la servidumbre voluntaria*, Tusquets, Barcelona.

Bonanno, Alfredo M. (2013): *El anarquismo entre la teoría y la práctica*, Bardo, s. l.

Bookchin, Murray (2000): *Los anarquistas españoles. Los años heroicos, 1868-1936*, Numa, Valencia.

— (2012): *Anarquismo social o anarquismo personal*, Virus, Barcelona.

Cappelletti, Ángel J. (2006): *Prehistoria del anarquismo*, Araucaria, Buenos Aires.

Chomsky, Noam (2012): *Sobre el anarquismo*, Laetoli, Pamplona.

Clastres, Pierre (2014): *La sociedad contra el Estado*, Virus, Barcelona.

Colombo, Eduardo (2014): *El espacio político de la anarquía*, Klinamen, Madrid.

Dardot, Pierre y Laval, Christian (2015): *Común. Ensayo sobre la revolución en el siglo XXI*, Gedisa, Barcelona.

Díaz, Carlos (1976): *Las teorías anarquistas*, Zero, Bilbao.

Ealham, Chris (2005): *La lucha por Barcelona. Clase, cultura y conflicto, 1898-1937*, Alianza, Madrid.

Encina, Javier y Ezeiza, Ainhoa (dirs.) (2016): *Desempoderamiento, educación y complejidad*, Colegio de Investigadores en Ciencias de la Educación, Toluca.

FABBRI, Luigi (2018): *Malatesta, su vida y su pensamiento*, Ateneo Anarquista, Alcorcón.

FERRER GUARDIA, Francisco (1976): *La escuela moderna*, Zero, Bilbao.

FERRER, Christian (dir.) (2005): *El lenguaje libertario*, Terramar/Anarres, La Plata/Buenos Aires.

FLORES MAGÓN, Ricardo (2016): *Los pobres son la fuerza*, Godot, Buenos Aires.

GOLDMAN, Emma (2021): *El anarquismo y otros ensayos*, Alianza, Madrid.

GRAEBER, David (2015): *La utopía de las normas*, Ariel, Barcelona.

GRAEBER, David y WENGROW, David (2022): *El amanecer de todo. Una nueva historia de la humanidad*, Ariel, Barcelona.

GUÉRIN, Daniel (2005): *El anarquismo*, Anarres, Buenos Aires.

— (2014): *Ni Dios ni amo*, Madre Tierra, Madrid.

GURVITCH, Georges (1974): *Proudhon*, Guadarrama, Madrid.

HOLLOWAY, John (2003): *Cambiar el mundo sin tomar el poder*, El Viejo Topo, Barcelona.

HOROWITZ, Irving Louis (dir.) (1975): *Los anarquistas* (dos volúmenes), Alianza, Madrid.

IBÁÑEZ, Tomás (2007): *Actualidad del anarquismo*, Anarres, Buenos Aires.

— (2014): *Anarquismo es movimiento*, Virus, Barcelona.

IGLESIAS, Florentino (2023): *Pierre-Joseph Proudhon. Federalismo y mutualismo anarquistas*, Fundación Anselmo Lorenzo, Madrid.

JOLL, James (1972): *Los anarquistas*, Grijalbo, Barcelona.

KAPSOLI ESCUDERO, Wilfredo (2013): *Ayllus del sol. Anarquismo y utopía andina*, Los Nadie, s. l.

KROPOTKIN, Piotr (2009): *La selección natural y el apoyo mutuo*, Los Libros de la Catarata, Madrid.

— (2016): *El apoyo mutuo*, Pepitas de Calabaza, Logroño.

— (2017): *La conquista del pan*, Penguin, Madrid.

— (2023): *La moral anarquista*, Alianza, Madrid.

Landauer, Gustav (2016): *La revolución y otros escritos*, Enclave, Madrid.

— (2023): *Anarcosocialismo y mística comunitaria*, Los Libros de la Catarata, Madrid.

Lehning, Arthur (1978): *Conversaciones con Bakunin*, Anagrama, Barcelona.

— (2008): *Marxismo y anarquismo en la revolución rusa*, Anarres, Buenos Aires.

Leval, Gaston (1972): *Colectivizaciones libertarias en España* (dos volúmenes), Proyección, Buenos Aires.

Maiz, Jordi (dir.) (2021): *Kropotkin. Cien años después*, Fundación Anselmo Lorenzo, Madrid.

Marin, Dolors (2010): *Anarquistas. Un siglo de movimiento libertario en España*, Ariel, Barcelona.

— (2014): *Anarquismo: una introducción*, Ariel, Barcelona.

Michel, Louise (2014): *La Comuna de París*, La Malatesta/Tierra de Fuego, Madrid/La Laguna.

Mintz, Frank (2008): *Autogestión y anarcosindicalismo en la España revolucionaria*, Anarres/Terramar, Buenos Aires/La Plata.

Noble, David F. (2000): *Una visión diferente del progreso. En defensa del luddismo*, Alikornio, Barcelona.

Pannekoek, Anton (1977): *Los consejos obreros*, Zero, Bilbao.

Peirats, José (1971): *La CNT en la revolución española* (tres volúmenes), Ruedo Ibérico, París.

Proudhon, Pierre-Joseph (1971): *El principio federativo*, Aguilar, Madrid.

— (1975): *¿Qué es la propiedad?*, Tusquets, Barcelona.

Pryce, Wayne (2012): *La abolición del Estado*, Anarres/Tupac, Buenos Aires.

Quesada, Rodrigo (2015): *Eliseo Reclus, geógrafo anarquista*, Eleuterio, Santiago de Chile.

Rama, Carlos y Cappelletti, Ángel J. (1990): *El anarquismo en América Latina*, Biblioteca Ayacucho, Caracas.

Réclus, Élisée (2020): *Evolución, revolución y el ideal anárquico*, Anarres, Buenos Aires.

Richards, Vernon (1977): *Enseñanzas de la revolución española*, Campo Abierto, Madrid.

— (dir.) (2007): *Malatesta. Pensamiento y acción revolucionarios*, Tupac, Buenos Aires.

Roca, Beltrán (dir.) (2008): *Anarquismo y antropología*, La Malatesta, Madrid.

Rodrigo Mora, Félix (2011): *La democracia y el triunfo del Estado*, Manuscritos, Morata de Tajuña.

Ruiz, Javier (dir.) (2020): *Repensar el anarquismo en América Latina*, 115 Legion, Olympia.

Sahlins, Marshall (1987): *Economía de la Edad de Piedra*, Akal, Madrid.

Saña, Heleno (1970): *El anarquismo, de Proudhon a Cohn-Bendit*, Índice, Madrid.

Scott, James C. (2013): *Elogio del anarquismo*, Planeta, Barcelona.

Shannon, Deric *et al.* (2015): *Economía anarquista. Una visión global*, La Neurosis o las Barricadas, Madrid.

Souchy, A. y Folgare, P. (1977): *Colectivizaciones. La obra constructiva de la revolución española*, Fontamara, Barcelona.

Tarín, Adrián (dir.) (2015): *Miradas libertarias*, Los Libros de la Catarata, Madrid.

Termes, Josep (2011): *Historia del anarquismo en España (1870-1980)*, RBA, Barcelona.

Trejo, Rubén (2010): *Magonismo. Utopía y revolución*, Aldarull, Barcelona.

VADILLO, Julián (2019): *Historia de la CNT*, Los Libros de la Catarata, Madrid.

VICENTE, Laura (2013): *Historia del anarquismo español*, Los Libros de la Catarata, Madrid.

VIÑAS PORTER, David (2015): *Anarquistas en América Latina*. Los nadie, s. l.

VOLIN (1977): *La revolución desconocida* (dos volúmenes), Campo Abierto, Madrid.

VV AA (2010): *Anarquismo básico*, Fundación Anselmo Lorenzo, Sevilla.

WARD, Colin (2013): *Anarquía en acción. La práctica de la libertad*, Enclave, Madrid.

— (2016): *Anarquismo: una breve introducción*, Enclave, Madrid.

WOODCOCK, George y AVAKUMOVIĆ, Ivan (1978): *El príncipe anarquista*, Júcar, Madrid.

ZERZAN, John (2001): *Futuro primitivo*, Numa, Valencia.

— (2016): *El crepúsculo de las máquinas*, Los Libros de la Catarata, Madrid.